U0111701

大展好書　好書大展
品嘗好書　冠群可期

武術特輯
63

和式太極拳譜
+VCD

和有祿　編著

大展出版社有限公司

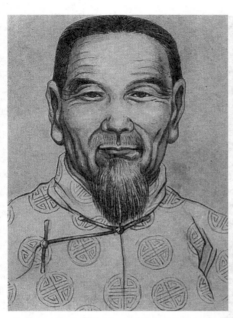

和式太極拳創始人和兆元像

和式太極拳第二代傳人
和潤芝、和敬芝像

和式太極拳第三代傳人和慶喜像

輔導兒子和慧鋒練拳

作者演示和式太極劍、太極棍

在海南三亞市海濱 練和式太極拳

部分和式太極拳傳人與康戈武先生合影

和家四兄弟合影（左起：和定元、和少林）和有祿、和定乾、和定

與日本學員合影

參加邯鄲國際太極拳聯誼會

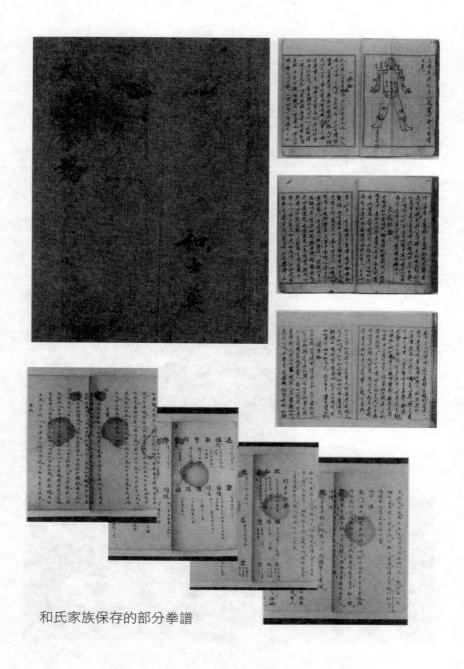

和氏家族保存的部分拳譜

和傳太極拳架與藏譜引發的遐思

——序《和式太極拳譜》

康戈武

　　日前，河南省溫縣趙堡鎮和有祿先生來電告知，他以家傳拳架及藏譜為基礎，結合自身習傳拳技的心得體會編著成的《和式太極拳譜》，將在近期內由人民體育出版社出版。我為和先生高興，也為太極拳的發展高興。乘興隨筆，寫出初識和氏家傳拳架及藏譜時的一些感想，權作回應有祿先生的邀序之作。

　　1991 年 11 月中旬，我專程到河南溫縣趙堡鎮考察，了解當地太極拳的發展狀況和歷史沿革。此行給我留下了諸多記憶：與趙堡太極拳研究會的同仁座談，走訪太極拳名家之後和有關人士，向太極拳傳人求教，抄錄和復印太極拳譜抄本；還得和有祿先生引導，遊永安寺遺址，訪小留莊村民，觀看有祿弟兄演練祖傳拳技和推手過招，翻閱有祿先生收藏的拳譜和族譜；夜宿關帝廟改建成的集市客店，窗破風凌、被寒燈昏……經過幾天的實地考察，當地的風土人情、拳架著法、各家談論、多種抄本，漸漸地匯聚一塊，相互比較、互相融通，理清了一些思路，也產生了一些聯想。其中，初次見識的和氏家傳拳架及藏譜引起了我的關注。

和氏家傳拳架之所以值得關注，是拳技的傳承性告訴人們的常識。從太極拳在河南溫縣趙堡鎮的發展沿革看，人們習慣於將本鎮陳清平（1795～1868）傳留的拳架，稱為太極拳趙堡架（趙堡街架），也稱為趙堡太極拳。現今傳習此系拳架者，其師承多能敘至和有祿的曾祖父和慶喜（1857～1936）先生。

慶喜拳技經其父潤芝（1836～1916）得自祖父和兆元（1810～1890）。和兆元師從鄰里陳清平，是清平門下的大弟子。鑒於這種傳承關係，不少傳習者將源自和氏家傳拳架的練法體系稱為「和式太極拳」。不言而喻，要推敲此系拳架規格、研究此系拳架的變化、比較不同傳人的拳法特色，都不能忽略對和氏家傳拳架和拳理的研習。

和有祿先生收藏的拳譜，既有和氏先輩的手跡，也有陳家溝早年拳家的墨寶，還有近些年才用鋼筆雜錄的他家拳論、歌訣。這些藏譜，同樣因其傳承性受到人們關注，而且還因其包含有太極拳其他各式譜本中罕見的拳論，更值得同好們關注。

概言之，其中有的拳論是從同源拳種中承襲而來的，有的是從異源拳種處借鑒而來的，有的是繼傳者在實踐的基礎上體悟出來的，也有一些是將前三者融會貫通整合而成的。有祿先生將這些藏譜進行整理、點注，一一明其來歷，收入此書。不僅為太極拳傳習者提供了指導實踐的理論參照，也為太極拳研究者提供了難得的研究素材。

伴隨著對和氏家傳拳架及藏譜的關注，萌生了一些離了「引子」就不可能出現的思考。就拳架而言，和氏家傳拳架的勁力，較近鄰陳家溝的陳式拳架顯得柔和；其動作幅度，

不如發祥於北京的楊式拳架那般寬舒，也不像崛起於永年的武式拳架那樣緊湊，亦不似後起的孫式拳架那麼靈巧……似乎，和式拳架在與太極拳各式拳架的勁力剛柔和幅度大小的比較中，處於一種「居中」狀態。

那麼，這一居中架式，是整個太極拳發展過程中出現的一種「中間」架式呢？還是在琢磨各式拳架特點後融合出的一種「適中」架式呢？

就和氏藏譜而言，該系拳譜中為什麼將《九要論》列為重要篇章？進而問之，和有祿注《九要論》云：「在趙堡拳界有東頭《九要》、西頭《十章》的說法。」陳家溝與趙堡西頭鄰近，陳鑫手抄的《三三拳譜》中包羅有《十要》（十章），卻未將其列入太極拳譜，為什麼？

就和傳拳語而言，為什麼既有「要啥給啥」「不貪不欠」這類能在太極拳經典拳論中找到相通文詞的拳語（與此二語對應者為：「捨己從人」「隨曲就伸、沾連黏隨」），又有著「差米填豆」「彼無力，我亦有力」這類與太極拳經典拳論相悖的用語（與此二語相悖者為：「無過不及」「彼無力，我亦無力」）？

此外，「引進落空」是太極拳經典拳論中頗為常見的用語，和氏墨跡卻寫為「引淨落空」等等。進而思之，前者似乎是太極拳經典著作的素材，又像是對太極拳經典著作的闡釋；後者似乎是對太極拳技法要訣的另樣理解，或說是對太極拳經典拳訣的勘校。

我對和氏家傳拳架及藏譜的關注，遠達不到「專注」的程度，由此引發的思考，也離「深刻」甚遠。如果多一點關注，多一點思考，一定會有更多的收益。

總而言之，和有祿先生編著的《和式太極拳譜》，作為第一本由和氏後人整理並公開出版的專著，較為完整地展現了和氏家傳拳架的本來面目與和藏拳譜的內容，不僅是習練太極拳趙堡架的好教材，也是進行太極拳專項研究和對武術進行宏觀研究的難得資料。《和式太極拳譜》一書，必將對太極拳的普及與提升，對太極拳研究的深入，產生積極的影響。

　　　　　（康戈武先生爲中國武術研究院科技部主任）
　　　　　　　　　　2003年2月10日於北京

原福全序

　　有幸在付梓前仔細閱讀了和有祿先生所著的《和式太極拳譜》的樣稿。關於這個流派的著作，我看到過好幾本。我認為，這本書的可讀性是很強的。

　　溫縣是太極拳的發源地，太極拳自誕生以來，受這塊有著五千多年文明史、積澱著厚重的太極和中醫文化、武術風氣甚濃的中原要地的滋潤，得到了迅速的發展。逐漸衍變出了諸多流派。在溫縣，除了聞名遐邇的陳式太極拳外，還有一個重要的流派，這就是源於溫縣趙堡鎮的和式太極拳。

　　趙堡鎮的和式太極拳，由陳清平的入室弟子和兆元在保留師傳拳術精華的基礎上，對拳架進行了一些創造性的改動，故後人稱之為和式太極拳，也有人以地域而稱謂，名之曰趙堡太極拳。

　　趙堡與陳家溝相毗鄰。多年來，誕生於溫縣的這兩個拳種，在他們傳人的傳承和發展中，不斷完善。這兩個門派的傳人，相互交流，同臺競技，互相取長補短，為發源於溫縣的太極拳的發展作出了很大貢獻。

　　在這不斷的繼承和發展中，造就了許多太極拳人才，和有祿就是和式太極拳傳人中優秀的代表之一。目前，在溫縣趙堡鎮，傳承、研究和式太極拳的民間團體有兩個，一個是鄭悟清拳法研究會（鄭悟清是和兆元孫子和慶喜的徒弟，在

西安一帶很有影響），另一個就是和式太極拳研究會，和有祿在這個會裡任會長。

和式太極拳研究會，於 1993 年由已故和式太極拳傳人和學儉先生與人共同創建並註冊成立。近 10 年來，該會積極從事和式太極拳的推廣普及和研究工作，組織會員在農閒工餘習拳講武、研討太極拳理論，是我縣一支活躍的民間武術團體。

他們積極組隊參加我縣和國內舉行的各種太極拳及文體活動，廣泛開展對外交流，與國內外許多太極拳團體有著密切的聯繫，為弘揚中華武術，增進我縣各門派太極拳組織之間的團結、友誼，促進其共同發展，作出了極大的貢獻。他們的活動，中央電視臺和一些省、市的電視臺均作過採訪、報導，省、市體育局的領導也曾親臨視察並觀看過他們的表演。這一切，均有著和有祿先生的辛勤勞作。

和有祿自幼生活在太極拳世家，9 歲起習拳，深得家傳，二十多年的刻苦演練和潛心的理論探研，深得和式太極拳之精奧。他勤奮好學，為人謙正，現任國家一級武術裁判，是我縣太極拳工作的骨幹人員之一。他曾多次參加國內舉辦的太極拳大賽，成績優異。

2001 年 3 月，率隊參加了國家武術管理中心在海南省三亞市舉行的世界太極拳健康大會，作為和式太極拳的代表人物，被安排在大會的「太極拳名家演示會」上，向與會的中外來賓進行了兩場和式太極拳表演，受到了大家的好評。此外，他還在焦作舉行的國際太極拳年會等一些重要賽事上進行過太極拳名人表演，口碑甚佳。

兩年來，和有祿先生以嚴謹的科學態度，認真研究、整

理家傳武術，廣泛收集資料，進行分類整理和歸納提煉，終於使《和式太極拳譜》一書得以出版，此書的出版，必將為和式太極拳的傳承與發展起到積極的推動作用。

　　謹以此，祝賀《和式太極拳譜》的出版發行。

（原福全先生爲河南省溫縣體育局局長）

2002 年 10 月 30 日

前　言

　　我於 1963 年出身一個中醫及太極拳世家。受家庭環境的薰陶，9 歲隨父和士英習家傳太極拳。父親給我教拳時要求十分嚴格，對拳架招勢親自示範講解，使我的拳架動作規矩端正。有時一個姿勢捏架後讓我站上半個時辰或更久。拳架套路熟練掌握後，再系統地闡釋其技理。個別招勢有不同練法，示範後再說明原因，直到我能正確而全面掌握為止。

　　記得有一年春天的一個晚上，我在自家院中練拳，父親出診回家後，站在院中看我練拳。練到野馬分鬃式時讓我停下，說我走架有點用力，意念沒有守中。

　　他給我示範後講到：「咱們家的拳，練拳也叫耍拳，練拳要自然。拳法自然的理論是《易經》《中庸》、中醫理論等的精義，合乎生理，順乎自然。技藝與防病健身、延年益壽同修，是拳術的高級境界。」以後又逐漸闡釋了自然與規矩、鬆柔與技擊的關係。父親就是這樣言傳身教、科學嚴謹地傳承家傳拳術。

　　耳濡目染，我對醫學知識也略知一些。1983 年，我應徵到解放軍某部服役。部隊首長得知我的情況後，派我去參加部隊衛生員培訓班。畢業後因成績優異，分配到旅部醫院工作。在此期間，我又參加地方舉辦的醫療衛生大專班，系統地學習了醫學專業知識。這對我研究和式太極拳的健身祛病理論得益匪淺。

1988 年從部隊轉業後，我數次參加或率隊參加了邯鄲國際太極拳聯誼會、焦作（溫縣）國際太極拳年會、武當武術大賽、河南省太極拳劍推手錦標賽等賽事，均取得了優異的成績。2000 年後，曾數次擔任縣、省太極拳比賽的裁判工作。在 2001 年三亞首屆國際太極拳健康大會、2002 年焦作第二屆國際太極拳年會等重要賽事上，作為和式太極拳代表人物參與了太極拳名家表演，受到了中外太極拳愛好者的好評。

　　兆元公長孫第三代傳人和慶喜，為和式太極拳承前啟後作出了巨大的貢獻。1928 年，當時的政府大力提倡國術。受趙堡村人多次盛情相邀，開始收徒授藝，終使和式太極拳流傳於世。故早年人們多稱為「和家拳」或「和氏拳」。慶喜公 71 歲開始授拳，弟子習拳未滿三年就個個身懷絕技，並可擂臺爭雄，這得益於對太極拳有正確的理解及科學的教學方法。在趙堡拳界有諺語說：「練太極拳不知層次，不懂理法，謂只要有功夫就能造成高手、妙手，這就如愚人妄想升仙路，瞎漢夜行入深山，不僅無益，甚至有損。」

　　和式太極拳在教學上科學而嚴謹，要求太極拳練到哪個層次時要明哪個層次的技理、循序漸進地掌握拳架中的變化及技理，這就是和式拳教學上的「裝東西」。拳架不裝東西為空架，裝得早適得其反，裝得晚苦練無益，適時是關鍵。所謂一層功夫一層理，一層功夫一層技。

　　遺憾的是兆元公創拳至今，和氏家族的人沒有以教拳為業，使和式太極拳的發展受到了很大的影響。當前，和式太極拳流派內出了一些介紹本門派的書籍，這對推動趙堡和式太極拳的發展起到了積極作用。

但有的書籍不能全面而正確地反映和式太極拳的面貌，甚至曲解了前人的原意。如所謂的和式太極拳大架與小架，只是慶喜公在授拳時根據鄭伯英、鄭悟清的不同情況因人講藝，使他們在練拳的風格上有些差異，而技理相同，並沒有大、小架之分。

拳架能大能小、能快能慢、大而緊湊圓活、小而舒展輕靈是和式太極拳的基本要求。走架、跳架、盤架等說法是練拳的別稱。快架、飛架等說法是某一層次練拳的風格，不能誤解為不同的拳架。

近年來，我曾在河南、四川、重慶、江蘇等地利用出差之餘傳授和式太極拳。教習之餘，也將和式太極拳的有關情況及實踐所得整理成文，發表於各家武術雜誌。

2001 年 3 月，我率隊參加中國武術協會在三亞舉辦的「首屆世界太極拳健康大會」時，又見到了國家武術研究院的康戈武教授。康先生鼓勵我編一本介紹和式太極拳的書。這些年來，我也多次受到同門及太極拳愛好者的鼓勵。

鑒於此，我便決定編寫本書，意欲將和式太極拳介紹給太極拳愛好者，一為和氏前輩對太極拳的貢獻不致湮滅，並以此告慰和氏先輩在天之靈。二為應教學之需，以饗太極之同好。

這本書分為五章。主要介紹了和式太極拳的產生、傳承和特點，闡析了和式太極拳的基本要求和拳理，配圖闡述了和式太極拳的拳架套路及用法，演釋了和式太極拳推手的基本知識及技法要領、勁別運用等。對和氏老譜重點作了注釋，並對各篇拳論的來歷及背景作了闡析。

編著本書時，我力求把握前人的本意，嚴格保持和式太

極拳的原貌，忠實繼承。兼抒自己的練拳心得與見解。本書如能對和式太極拳愛好者起到入門引路的作用，帶來健身祛病和自衛的效果，筆者也就滿足矣。

目　錄

第一章　和式太極拳概述 …………………… 23

第一節　和式太極拳的產生 ………………… 23

第二節　和式太極拳的傳承與發展 ………… 26

第三節　和式太極拳的特點 ………………… 37

第二章　和式太極拳的基本要求 …………… 49

第一節　和式太極拳對身體各部姿勢的要求 ……… 49

第二節　和式太極拳對基本動作的要求 …… 59

第三節　和式太極拳的整體要求 …………… 67

第三章　和式太極拳七十二式動作圖解 …… 73

第一節　和式太極拳七十二式動作名稱 …… 73

第二節　和式太極拳體用拳訣 ……………… 75

第三節　關於圖解的幾點說明 ……………… 85

第四節　和式太極拳七十二式動作圖解 …… 86

第四章　和式太極拳的推手 ………………… 195

第一節　和式太極拳推手的功能 …………… 195

第二節　和式太極拳推手的技法及要領 …… 197

第三節　和式太極拳勁別之運用 …………………… 201

第四節　和式太極拳推手動作圖解 ………………… 210

第五節　和式太極拳推手用法示例 ………………… 216

第五章　和氏家傳老譜點注 …………………………… 227

一、太極拳要論………和兆元 ……………………… 227

二、九要論 …………………………………………… 229

三、太極拳體用總歌 ………………………………… 236

四、高手武技論………和敬芝 ……………………… 239

五、太極拳正宗論五字妙訣 ………………………… 240

六、撒放密訣 ………………………………………… 243

七、走架打手行工要言 ……………………………… 244

八、比手 ……………………………………………… 246

九、搕手十六要 ……………………………………… 247

十、較手三十六病 …………………………………… 249

十一、歌訣六首………和兆元 ……………………… 253

十二、耍拳論…………和兆元傳　和慶喜整理 …… 254

十三、耍拳解………和慶喜 ………………………… 255

十四、習拳歌………和慶喜 ………………………… 256

十五、太極拳技法注講 ……………………………… 257

十六、論法 …………………………………………… 260

十七、捷要論 ………………………………………… 261

十八、天遠機論 ……………………………………… 262

十九、和式太極拳九法解…………和學信 ………… 263

二十、和式太極拳練法須知………和士英 ………… 271

附錄一

一、太極拳總論………陳清平 …………… 273

二、太極拳論 ………………………………… 275

三、十三勢行功歌 …………………………… 276

四、十三勢行功心解 ………………………… 277

五、打手歌 …………………………………… 278

六、通變歌 …………………………………… 278

七、行功十要 ………………………………… 279

八、行功十忌 ………………………………… 279

九、行功十八傷 ……………………………… 279

十、七疾 ……………………………………… 280

十一、八字訣 ………………………………… 281

十二、七星運用要訣 ………………………… 283

十三、調氣練外丹圖說 ……………………… 284

附錄二

陳季甡抄本 …………………………………… 288

陳鑫抄本 ……………………………………… 295

後　記 …………………………………… 316

第 **1** 章

和式太極拳概述

第一節　和氏太極拳的產生

和式太極拳始自和兆元。兆元公（1810～1890）是河南省溫縣趙堡鎮人，師承本鎮太極拳名師陳清平，是陳清平的大弟子。

趙堡鎮位於河南省溫縣東 15 里，歷史悠久。據《趙堡鎮鎮志》記載：「春秋時期，晉昭公封大卿趙公食邑於溫，於溫東十五里許挖地築堡而居，故稱趙堡。」鎮裡有名勝古跡多處：鐵三官、楊裏槐、金銀二冢、鳳凰臺、沒梁廟、捨身臺、六人合圍唐古槐、永安寺（即南大寺）等。

趙堡鎮北依巍巍太行山，南傍滔滔黃河水，隔黃河與少林寺遙遙相望，西邊距九朝古都洛陽不足百公里，自古以來即居南北之要津，東西通衢。山蔭河育，人勤土沃，車水馬龍，百業興旺，地靈人傑，人才輩出。體現著中華古文化豐富內涵的太極拳曾在這裡傳承、發展，並湧現出了許多太極拳名師。

耳熟能詳的有陳敬柏、陳清平、和兆元、李景延等，俠

名遠揚，世代為人敬仰。和式太極拳創始人和兆元就誕生在這裡，和式太極拳也從這裡走向全國，流傳海外。

和兆元，字育庵，出生於醫林世家。其父諱彥方，精通中醫內科，善治疑難雜症，在當地有一定影響。為使兆元公能秉承家學，振興家業，其父囑其習文學醫。和兆元 15 歲時，時值清王朝後期，社會動蕩，其姐夫李棠階①勸其兼習武技。1825 年冬，和兆元拜於趙堡鎮一代太極拳名師陳清平門下，開始習練太極拳。因他天資聰穎，活潑機敏，有習武的天分，並且尊師重道，勤奮好學，功夫出類拔萃，深得清平師的賞識，成為陳清平的入室弟子，全面繼承了師傳太極拳理法。

道光十六年，李棠階自京丁母憂回鄉，見到年已 26 歲的和兆元風華正茂，武功精湛。李棠階盡完孝道後，遂邀和兆元隨其一同進京。和兆元在李棠階的影響下，勤於實踐，對中華武學精華兼容並蓄，以易理、儒家、道家並結合醫學理論來指導、規範拳架，使理論與實踐完美結合，並且在實踐中修改了拳架中的手法、身法、步法等，在陳清平原傳拳架的基礎上，增益完善，創編了一套既不失傳統又獨具特色的「代理架」。因他武藝出眾，被授以「武信郎」。

---

①李棠階（1798～1865）字樹南，號文園，諡文清，溫縣南保封村人（距趙堡北 3 里———筆者注）。22 歲中舉人，25 歲中進士，次年受翰林院編修，後歷任大理寺卿、禮部侍郎、左都御史、戶部尚書、軍機大臣、工部尚書、禮部尚書，加太子少保銜，追贈太子太保。李棠階一生勤學不輟，並以日記自省，三十餘年無一日漏。尤潛心理學，最崇王陽明和湯斌……（摘自溫縣志）。

和兆元所創拳架，體用一致，技理相合，以自然柔活之體，養體內浩然之氣，故稱「代理架」。

這套拳架以《易經》之理為拳理基礎，像其形（圓），取其義（陰陽），用其理（陰陽變換），以人身比太極，太極即天地，天人合一，道法自然。《易‧繫辭》曰：「是故易有太極，是生兩儀，兩儀生四象，四象生八卦。」宇宙有天地、四季、四立二分二至。日月經天，山水行地，四時八節運行。人體有左右肩、胯四大節，肘、手、膝、足八小節。拳架動作有圓、上下、進退、開合、出入、領落、迎抵。與理相合，即：一圓即太極，上下分兩儀，進退呈四象，開合是乾坤，出入綜坎離，領落錯震巽，迎抵推艮兌。一勢之中一圓、兩儀、四象、八卦俱現。

人體結合太極之理，以「圓」為運動之基礎，以陰陽之自然運行表現太極拳的技法。一動周身無不是圈，各有陰陽變換，圓活靈動，毫無滯機。如一棵大樹掛滿無數圓環，風擺樹動，環環皆轉，如軸如輪。周身圓轉無處受力，臨敵因勢應變，圓切線引進落空，身旋氣轉離心拋擲，內勁渾圓鬆活彈發，表現出滑如魚、黏如膠、軟如棉花、硬如鋼的技擊特色。

這套拳架強調理法自然，故行功走架又稱「耍拳」，勢勢處處以後天引先天，順其自然，合乎自然，自然而然。其理法本乎天道，拳架以無極自然之運行，陰陽自然之運轉，以養體內浩然之氣而自成法則。

和兆元創拳時，增補不足，刪去拳架中纏繞繁瑣的動作。使整個拳架樸實無華、勢簡徑捷，以體用一致為要求促進拳架、推手、散手三合為一，技理相合。由朝夕盤架增強

自身功夫，由推手實踐矯正拳架，直至最終用於實戰。

和兆元所創「代理架」的治病健身之理法也源於《周易》之理。認為人之生理皆以陰陽二氣長養百骸，拳法之陰陽動靜合陰陽消長之機，使身體臟腑經絡陰陽氣血均衡，以達到強身健體、療病養生之功能。

用人體結構知識指導太極拳的功架，再由拳架的正確鍛鍊，進一步調理人體結構及生理機制，使人體處於一種順遂自然的最佳狀態，久練使身體潛能釋放，自可強身健體，修身養性，自衛防身。

和兆元所創太極拳的理論功法有專著流傳後世。

和兆元所創太極拳架及理論，比起趙堡鎮以前流傳的太極拳有著質的飛躍。在技擊、健身、養生等方面都有著重大的進步，所以，更易於被人接受。1849 年，和兆元隨李棠階返鄉，在家鄉停留 12 年。在此期間，陳清平常囑和兆元代行師之職責，傳拳授理，懲頑揚善，故和兆元對眾師弟在拳架及理論上有很大影響，因而在趙堡所傳之拳架，自和兆元後多為代理架。

第二節　和式太極拳的傳承與發展

和兆元一生涉獵很廣，精通太極拳、中醫、儒學之易理等，尤以武學造詣最深。和兆元出生於中醫世家，自幼隨父修文習醫，聰穎好學，機敏靈動。

1825 年在姐夫李棠階影響下，隨趙堡鎮人陳清平學拳。他精心鑽研太極拳，廣交武林同道，勤於實踐，博採眾長，對趙堡原來流傳的拳架進行了全面改革，增補不足，刪

其繁瑣，使拳架融老莊之道、醫家之學、《周易》《中庸》等理，創編了一套體用一致、理技相合、既不失傳統又獨具特色的「代理架」，即「和式太極拳」，使太極拳的技理有了質的飛躍。

和式太極拳架遵循中正鬆柔、輕靈圓活、順遂自然之要領，集拳架、推手、散手為一體，具有技擊、強身、養生等功效，充分展現了太極拳的獨特魅力。

和兆元曾多次隨李棠階北上巡視，南下主考，屢遇強寇，他都能以技贏人，以德服人。據趙堡鎮人流傳，一次和兆元因公務途經山東境內，遭到響馬攔截。他因時間緊急，不願戀戰，就拿出隨身攜帶的白蠟棍，暗運內功，將棍直插入旁邊的老槐樹幹上，並告訴匪徒如果能拔出此棍，他可以將身上的財物留下。那些匪徒在驚懼之中沒一個人能拔出。這時和公挺身上前，將手搭住棍尾，猛力一擊，白蠟棍穿樹而過。在山寇的跪拜中，和公和他的隨從已匆匆離去。

他的一生膾炙人口的傳奇故事還很多，至今流傳不息。和公年老回鄉後，終日以研拳和教子孫習拳自娛，並著有《太極拳譜》《太極拳要論》等拳譜、拳論。

和潤芝

和潤芝，字澤甫（1836～1916）。和兆元長子。自幼隨父習拳，兼承家傳醫術，精中醫內科。清咸豐年間，在趙堡鎮經營藥肆，行醫治病，醫術、拳技備受鎮人推崇。因他淡泊名利，醫德、武德高尚，聲譽極佳，時人稱和潤芝為「大師傅」。和潤芝除行醫外兼教書、授拳，傳子慶喜、慶文、慶臺。其中長子慶喜在拳藝上兼得父親及祖父和兆元親傳，

德技雙馨，傳人眾多，名聞四海。

和敬芝

和敬芝，字式甫（1850～1918）。在拳術上得父和兆元真傳，才兼文武。同治年間，隨李建（李棠階之子）參贊政務，例授「文林郎」。後在河朔書院講書，成材頗多，著《高手武技論》等拳論，由和氏後人收藏。

和慶喜

和慶喜，字福棠（1857～1936），和潤芝長子。是和式太極拳主要傳承者之一。他自幼隨父習拳，又是兆元公長孫，深得祖父喜愛，得祖父親傳。

慶喜公為人和善，德高望重，身懷絕技而不露。他的中年處於社會變革的動蕩時期，身懷絕技但無機會傳授。時至1928年，當時政府大力提倡國術，在形勢鼓舞下，為弘揚祖傳絕技，年逾71歲高齡不顧年邁，開山收徒授藝。他在教學上有教無類，因材施教，視學者年齡、體質、文化不同施以不同教法，在短短數年內，教出了一大批如和學信、和學敏、鄭伯英、鄭悟清、劉世英、郝玉朝、陳桂林、柴玉柱、郭雲等各懷絕技之門徒。這些傳人成為日後傳播和式太極拳的中堅力量。

1931年，和慶喜率學拳未滿三年的弟子參加省會開封國術擂臺賽，贏得「拳藝高水平」稱號，並頒有獎狀獎旗，後懸掛於和公大門前多年。和慶喜是和式太極拳在傳承中一位承前啟後的傑出人物。著有《習拳歌》《耍拳解》等拳論。

和慶文

和慶文（1872～1948），和潤芝次子。秉性誠實，體貌魁偉，有乃祖之風。他繼承家傳的太極、醫學，尤其潛心醫學，精通中醫內科、跌打損傷及疑難雜病。開設「文盛堂」藥號，治病救人，和公樂善好施，貧困病者，施醫捨藥，鄉裡同道皆推崇其人品。他終生研究堪輿，頗有成就。

山西某地一村鎮，終年缺水，旱時尤甚，多次挖井取水，均不得水。一日慶文公行醫到此時，聞聽村人言無水之難，遂起助人之心。他讓村裡長者陪同察勘後，讓他們在距一棵大樹九步之遙挖井。村人半信半疑，和公為去其疑慮，稱「取不出水我付你們工錢」。後果然在此處取得豐富水源。村人奉和公為「神仙」。

1938 年，日寇禍華，和慶文舉家遷避陝西寶雞，仍以行醫治病為業。子學信、學惠承其衣鉢，習醫學拳。

和學信

和學信，字世孚（1890～1957），和慶文長子。自幼隨父習醫學拳。1928 年，伯父和慶喜開山授拳，便隨伯父習拳。伯父素知侄兒豪爽俠義，為磨練其性情，開始故意冷落他。和學信鍥而不捨，早晚侍奉伯父身邊，常念叨：「大伯，咱和家的寶貝您得給孩兒留下。」伯父答曰：「我一無金銀，二無珠寶，有啥寶貝。」和學信答道：「寶貝就是咱家的太極拳。」轉眼半年過去了，經觀察考驗，慶喜公覺得和學信心誠意懇，志在學拳，很有決心和毅力，可承和氏家傳。遂不遺餘力，口授親傳，傾囊相授，將和式太極拳的理

論及技法、心法全面傳授給了他。和學信不負厚望，承祖傳拳藝與醫術於一身，成為和氏家學的主要承傳人。

抗戰期間，和學信隨父遷避寶雞行醫教拳。他拳技精湛，醫術高超，很受人敬重，被當地中醫學會推舉為中醫師，並頒發有證書。新中國成立初期，因思戀故土，和學信舉家遷返趙堡鎮，研拳行醫。在家中傳子士英、士俊，均學有所成。他還收藏有家傳的多部拳理拳論。

和學惠

和學惠，字子宣（1910～1979），和慶文次子。在拳藝上得到伯父和慶喜的親傳。新中國成立後，他也從寶雞返回趙堡鎮。1979 年，國家搶救挖掘傳統武術，慕名拜訪問藝者絡繹不絕，和學惠不厭其煩，耐心示範講解，積極傳播家傳拳技。主要傳人有子保森及同村徐秋等。

鄭錫爵及其傳人

鄭錫爵，字伯英（1906～1961）。居家與師和慶喜為鄰。他性情淳厚，為人正直，喜好武技，深得和公賞識，被納為入門弟子。他勤奮好學，尊師重道，太極拳功夫出類拔萃。1931 年，在縣、省國術擂臺賽上屢次勝出，奪得魁首。抗日戰爭時期，他遷避西安，曾任國民革命軍第四集團軍武術教官。

新中國成立後，任西安市武協委員、體委教練等。鄭伯英忠於繼承，體悟不輟，在西北武林幾十年，歷挫強頑，未遇敵手，譽滿西京，桃李盈門，有「和氏太極西北二傑」之美譽，為和式太極拳的推廣作出了很大貢獻。

張洪道為鄭伯英的弟子。50 年代曾獲西北五省推手冠軍。傳有弟子王慶升、王海洲。任自義先從學於和學信，後隨舅舅經商到西安後，跟鄭伯英學拳。他為人謙遜，忠於繼承，對和式太極拳頗有感悟，年過八旬仍能健步如飛。

其他傳人還有：郭士奎、柴學文、直存喜等。

鄭悟清及其傳人

鄭悟清，字風臣（1895～1984），趙堡鎮人。他先天體弱，本性樸實，隨父經商務農。19 歲時父病故，不堪重負，積勞成疾，延醫無效，幾至不起。1928 年，投師和慶喜。和公憐而惜之，授起死回生之家傳拳法。數月後，效果顯著，雖年過而立，毅然勤學不輟，終使痼疾痊癒。

1938 年，日寇入侵，避難西安。經友人介紹，在黃埔軍校第七分校等地傳授和式太極拳。新中國成立後，被選為西安武協委員，在西安市興慶宮公園常設輔導站，廣傳和式太極拳，從學者遍及全國。

鄭先生 60 年如一日，鍥而不捨，對和式太極拳融會貫通，拳架小巧細膩，輕靈圓活，手法多變，使對方驚心動魄，防不勝防。一生數挫名流，罕逢對手，與鄭伯英並稱「和式太極西北二傑」，對和式太極拳的繼承與傳播有著突出的貢獻。

鄭悟清品德高尚，光明磊落，始終嘆服和式太極拳之博大精深，故此一生不敢為天下先。1982 年，年老還鄉，越年無疾而終，享年 90 歲。

鄭悟清的傳人很多，傳子鄭均、鄭瑞，及孫蘭亭、紀昌秀、劉瑞、侯爾良、宋蘊華、李隨成等。

和慶喜宗師其他主要傳人中，其子和學敏也遷居寶雞。其他弟子相繼外出避亂。郭雲遠走山西，陳桂林遷入陝西，還有郝玉朝、劉世英等遠走他鄉。他們猶如火種一樣使和式太極拳燃遍西北，傳至全國。

和士英

　　和士英，字立明（1918～1987），和學信長子。他聰穎好學，氣宇軒昂，性情直爽，崇尚俠義。自幼隨父業醫習拳，中醫理論造詣頗深，擅長中醫內科及針灸等。他一生樂善好施，施醫捨藥，救治病人無數。醫技之精湛，醫德之高尚，鄉里有口皆碑。他在拳藝上得父真傳，使家傳拳法嚴格保持了原有風貌。

　　1963年，在趙堡鎮利用閑暇時間傳授和氏拳法，「文革」開始後，被迫中斷，只在家中傳子、侄。授拳極其嚴格，對太極拳理法精益求精，一招一勢都要求我們認真領會，並結合祖傳理論融會貫通。在傳授家傳拳技、醫術時，父親對我們四兄弟各有側重，均嚴格要求。先父授業之嚴厲，我弟兄四人深有體會。

　　長兄定元，1969年中學畢業後隨父學醫，先父囑其熟背《藥性賦》《湯頭歌》，每日晚飯後必要考驗，偶爾沒有熟記，必責其熟記後方可睡覺。在教拳時更為嚴格，一個夜晚，二哥定乾在練「雲手」一式時，多次不得要領，父親情急之下拍他一巴掌，直打得他兩眼生淚。事後父親語重心長地給他們講：「做任何事情都要認認真真，以後你們走向社會一定要有真才實學才行。」1983年，國家重視武術事業的發展，父親在業醫之餘，搜集、整理拳理拳論、中醫驗

方，並手揖多本。先父對和氏家學的繼承、發展作出了重大的貢獻。

先父傳人有其子定元、定乾、定中（又名少平）、定國（又名有祿），侄定宇。1983 年，國家大力倡導武術，又傳侯福明、戴忠銘等。

和士俊

和士俊為和學信次子，秉承家學，太極拳功夫出類拔萃。新中國成立初期任溫縣一中教師，後在河南中醫學院、省衛生廳任職。常利用閑暇傳授和式太極拳。

和學儉

和學儉為和慶臺之子，自幼隨父學習家傳太極拳。多年來，在拳術上體悟不輟。他為人寬厚，在當代和氏族人中輩分最長。1993 年經有關部門批准成立了「趙堡和式太極拳研究會」，他被推舉為第一任會長。為弘揚家傳拳術，對來自國內外的學員熱心傳授，並且帶領學生積極參加各種武術盛會，多次取得優異成績，為和式太極拳的發展作出了應有的貢獻。先後被有關社會團體聘為顧問等。傳子保龍、保國等。

和保森

和保森得父和學惠親傳，早晚勤練體悟，曾多次參加國內多種太極拳賽事，均取得較好成績。為推廣和式太極拳不遺餘力。學生眾多，遍及全國。徐秋為和學惠弟子。徐秋學而有成，1984 年參加省太極拳錦標賽獲 60 公斤級推手第二

名，後經人介紹到平頂山市傳拳，並開設推拿診療所，治病療痛，造福人民。

和定元

和定元為和士英長子，為人忠厚。自幼隨父習醫學拳，側重家傳醫學的繼承，學而有成。在趙堡鎮開設診所，懸壺治病。

和定乾

和定乾為和士英次子，自幼隨父習練家傳太極拳及器械，30年來勤練不輟，較好地繼承了祖傳拳技。1993年至今，歷任趙堡和式太極拳研究會教練部主任及副會長等職。

1984年他參加溫縣首屆太極拳推手賽，成績突出，被選拔參加省太極拳、劍、推手錦標賽，獲推手65公斤級第二名。1992年以來，他多次率弟子參加多種太極拳賽事，均取得優異成績。1994年被溫縣武協評為「優秀拳師」稱號。與四弟和有祿合作撰寫了太極拳方面的文章多篇，受到太極拳界的重視與好評。

20年來，為推廣和式太極拳，他先後赴浙江溫州、樂清，河南焦作、博愛等地傳拳，學生近千人，遍及全國各地。脫穎而出者有和東升、董永勝、宋國慶、馬建設、王佩華、顧廣州、賈澎、徐大軍、和曙光等。

和少平

和少平為和士英三子，業醫習拳，勤於筆耕，曾有多篇介紹和式太極拳的文章發表在《中華武術》《武當》《少林

與太極》等雜誌上，頗受好評。

和式太極傳人中值得在此提及的尚有很多，他們多在傳播和式太極拳和為全民健身運動的開展作出了應有的貢獻，因篇幅所限，不再一一敘述。

和式太極拳自和兆元創始至今，經幾代人的不懈努力，現已遍及全國，傳及海外，已形成一大流派。1993 年，由和有祿、夏春龍、和學儉、和保森、和定乾等人發起，經河南省體委、溫縣體委及民政部門批准成立了「趙堡和式太極拳研究會」，致力和式太極拳的研究和傳播。多次組隊參加國內多種太極拳賽事，均取得了較好的成績。1995 年，博愛縣和莊村相繼成立了「博愛和式太極拳協會」。和純秀、和東周分別任會長和秘書長，並多次組隊參加各種太極拳賽事。夏春龍現在重慶市廣傳和式太極拳並組織成立了「重慶萬州區和式太極拳研究會」，並任會長。紀昌秀在香港成立了「香港和式太極拳武術（國際）總會」並任會長，在海外積極推廣和式太極拳，成績斐然，被聘為香港武聯副主席。其子張萬強，女張萬姝及弟子在歷次比賽中均成績優異，下設分會遍及世界各地，會員達一萬多人。她對和式太極拳傳向世界作出了很大貢獻。

2002 年 12 月，太極拳發祥地焦作市經有關部門批准，成立了「焦作市和式太極拳研究會」。由徐永軍任會長，朱濤、和濤、李景利、康豫安分別任副會長和秘書長。在江蘇省金壇市，由于鎖蘭、陳志明、丁玲娣等人發起，將在近期經有關部門批准成立「金壇市和式太極拳研究會」。和式太極拳的發展勢如雨後春筍，方興未艾。

附 和式太極拳主要傳承表

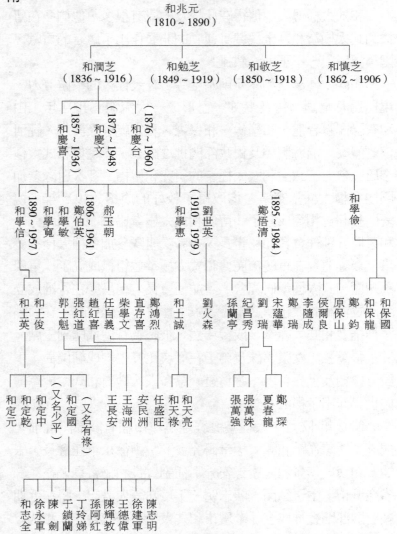

註：本表只列和式太極拳六傳之內的主要傳人，或近期有著述者，六傳後習者眾多，一時無法列全，故只列作者的弟子。

第三節　和式太極拳的特點

和式太極拳除具有一般太極拳的要點外，有自身的獨特之處，歸納起來為合、順、中、平、輕、柔、圓、活八個方面。分述如下：

一、合

和氏家傳老譜對「合」的論述有：

（1）技理相合，太極真諦。

（2）太極為渾圓之一氣，懷陰陽之合聚。

（3）外三合，內三合。

（4）動之則分，靜之則合。

（5）由腳而腿而腰總要完整一氣。

以上拳論論述了太極拳合的方面與方法。和式太極拳練習時要求周身上下表裡處處相合，使周身之勁融合為一家（詳見《九要論》第六）。

和式太極拳又稱代理架，拳技與理論完美融合，體用一致，拳法自然柔活，順遂圓轉，以理體內中和之氣，二氣陰陽和合而達於外。和式太極拳拳架技法合太極之理及《中庸》之道。並以道家的吐納導引及中醫的經絡學說為內功依據，以「無為無不為」「以弱勝強，以柔勝剛」為技擊原則。

「太極」一詞出於《周易》「易有太極，是生兩儀」。太極為產生萬物的體源，是古代先哲觀察體悟宇宙萬物變化法則所得出的一個哲學概念。太極圖是《周易》中哲學思想

的形象化表述，先天太極圖
外呈渾圓一氣，內懷陰陽合
聚。圖中心之圓為無極，圖
中黑白兩條魚形為陰陽二氣
互抱之狀。子午線表示陰中
有陽，陽中有陰，體現了萬
物陰陽之間的運行消長與轉
化（見先天太極圖）。

　　古代先哲認為，由陰陽
二氣產生五行，即，木火土
金水。五行的特性如下：木
為生發，條達；火為炎熱，
向上；土為長養，化育；金
為清靜，收殺；水為濕冷，
向下。進而以五行相生與相
剋的關係來說明事物相互依
存和制約的規律（見五行生
克圖）。

　　八卦為《周易》的基
礎。《周易·繫辭》中說：
「易有太極，是生兩儀，兩
儀生四象，四象生八卦。」
兩儀是指陰陽，用陰爻
（--）和陽爻（一）來指
代。八卦為單卦，一卦三
爻，組成了八種基本圖形，

先天太極圖

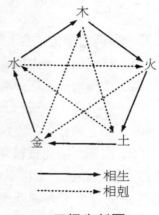

五行生剋圖

先天八卦方位圖

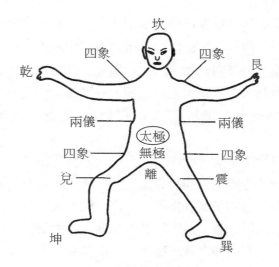

人體太極對應圖

其名稱和圖形為：乾（☰），兌（☱），離（☲），震（☳），巽（☴），坎（☵），艮（☶），坤（☷）。這八個卦爻根據自然屬性來安排，乾代表天，坤代表地，震代表雷，巽代表風，坎代表水，離代表火，艮代表山，兌代表澤。陰陽的變化在不同形態時，用兩兩相對的卦象顯示陰陽的和諧平衡（見先天八卦方位圖）。

　　和式太極拳以《周易》之理貫穿於拳勢之中。像其形（圓），取其義（陰陽、五行、八卦），用其理（陰陽變易、五行生剋、天人合一）。「近取諸身」，比附人體及拳勢動作（見圖）。即：一圓即太極，上下分兩儀，進退呈四象，開合是乾坤，出入綜坎離，領落錯震巽，迎抵推艮兌。開合、出入、領落、迎抵為八卦。圓、上下、進退為五行，合之為十三，故又稱十三式（詳見第五章《總歌》點注）。

和式太極拳以五行結合拳勢，結合人體，在練法上要求以外五行帶內五行，後由內五行之氣而達於外。人的五臟、六腑歸屬五行為內五行，即：心為火，肝為木，脾為土，肺為金，腎為水。六腑與五行相配，分別為：小腸為火，膽為木，胃為土，大腸為金，膀胱為火（詳見《九要論》第五）。

　　以五行配拳勢及動作為外五行。圓為丹田之居，為中，屬土。迎、合屬土。迎有主動之意為陽土，合有化收之意為陰土，迎、合的拳勢動作氣往下沉，收於氣之囊。脾屬土，主肉，肉為氣之囊。丹田的鼓蕩及迎、合的動作可補脾胃先天之氣。上有揚伸之意，屬火。下有抑曲之意，為水。出為火，入為水，兩儀的上下運動及呼吸調息，有助於心腎二氣相交，並促使小腸的蠕動，以利對穀物之精的吸收來滋養心腎之氣。進為金，退為木，開、抵為金，領落為木。進、開、抵的拳勢動作有益於肺活量的增大及大腸功能的改善。退、領、落的拳勢動作有曲直之形，有助肝膽功能的增強。五行為陰陽之質，陰陽為五行之氣，氣非質不應，質非氣不生。和式太極拳由五行之氣合而為一，以心行氣，統乎全身，氣到勢隨，形到氣力至。即由外帶內，周身順遂圓轉，由內達外，陰陽變易莫測。

　　和式太極拳依吐納導引及經絡學說，拳架功法全借後天之形。呼吸開合純任自然，虛領頂勁，氣沉丹田，氣以直養，使精、氣、神一元化。行拳走勢柔活均勻，舒筋活絡，以收勞而不極、搖而穀氣消、血脈通暢、祛除疾病、養生延年的功效。練拳時間順應經脈流注，對調養臟腑功能有益。如寅時為手太陰經流注肺臟，此時練功對調整肺功能最有

效。子時為足少陽經流注膽臟，此時練功對調整肝膽功能最有效。依此類推。順應天時，使自然陰陽與人體陰陽互補，天人合一，收行功最佳效果，故《太極拳要論》中說：「子午卯酉，朔望漾應，慎而密之，久行功成。」

技法上遵循輕靈圓活，人剛我柔，後發先至，四兩撥千斤的原則，符合「無為無不為」「以弱勝強，以柔勝剛」的道家哲理。

和式太極拳的編排體用一致。拳架、推手、散手三合為一，拳架怎樣練，推手就怎樣用。推手又可檢驗拳架是否正確、實用，也是走向散手的過渡階段，是練習沾黏連隨，過勁借力的訓練方法。盤架功夫的積累是提升推手、散手技法的本源。

二、順

和氏家傳老譜對「順」的論述有：

（1）招法內勁圓為宗，順遂輕靈剛柔用。

（2）習拳之道多留心，神斂體鬆法自然。

（3）以心行氣，務令順遂。

（4）順項貫頂兩膀鬆。

（5）我順人背謂之黏。

（6）用勁自然。

（7）順來橫擋順著進，橫來順擋順著進。

以上拳論論述了太極拳順遂自然的重要性。和式太極拳拳架動作要求順身、順腿、順手、順腳。手去身順之去，腿去腳順著去，順腳時以後腳跟為軸，擺腳尖隨勢而動。形順氣自順，氣順周身順遂。氣以直養，經脈暢通，自可達到健

身與養生的效果。

　　順者，通達自然。和式太極拳的行功走架又叫「耍拳」。一個「耍」字，將孩童玩耍時的自然之態展現在眼前。走架時著勢自然圓活，神意活潑自然，呼吸自然順暢。姿勢動作合乎自然。人出生後，先天的自然行為不斷喪失，違背自然的後天行為不斷增加，常導致疾病產生。

　　在拳法中則表現為形、神、氣、力配合無序，甚至不知配合，尚後天拙力，動作僵滯。例如：人體脊柱的先天狀態並無彎曲，後天違背自然不良行為的增加，致使常有頸椎、腰椎疾病發生。

　　和式太極拳要求腰脊中正，以後天之法使其回歸先天自然狀態。手法以自然側立掌為主（俗稱半陽半陰），走架時手掌不故意翻轉。在鬆柔狀態下，掌隨手臂走圓，自然形成內旋或外旋。手與前臂伸直，不能坐腕、折腕。手腕不順則氣血不暢，氣力不達掌指。身法中正自然，有助氣沉丹田，能練丹田先天之氣，也是太極拳健身養生之道。身體正直，勁力上下通達，氣血順暢，且不可翻臀塌腰、坐胯擰腰及前俯後仰，違背太極拳自然之理。

　　和式太極拳又稱「尺寸架」。「尺寸」是規矩，規矩就是自然。太極拳練習時有虛領頂勁、氣沉丹田、不貪不欠、氣以直養等規矩和法則，就是依自然之理為根本。和式太極拳教學時的「捏架」，就是對人體各骨節位置狀態的有序擺放及認筋識穴，使身體處於順遂自然的最佳狀態。在技法上講究以順制逆，我順人背，避實擊虛，以達到四兩撥千斤的技擊效果。

三、中

和氏家傳老譜對「中」的論述有：

①不貪不欠，不即不離。

②不偏不倚，無過不及。

③身法以中平為宜，以正直為妙。

④腰脊中正頂勁領。

⑤尾閭中正神貫頂。

⑥立身須中正安舒，支撐八面。

⑦用功時，身法要像太極圖中的子午線那樣垂直中正。

⑧腳踏中門搶中位，就是神仙也難防。

以上的論述都強調了中正。居中則能正。和式太極拳行拳作勢要求身體不前俯後仰，不左歪右斜，上自百會、下至會陰形成一條直線。

和式太極拳素有要拳如坐轎之說，不論拳勢的進退側移，身體始終像靜坐一樣端正不偏。人體的脊柱有三個生理彎曲處，即頸部、腰部、骶尾部。通過背部及軀幹部的肌群調節，即虛領頂勁，下頦內收，含胸拔背，裹臀吊襠，使脊柱彎曲度減小或消失，從而使身體中正。脊椎中正時，各椎體關節間隙受力均勻，不易損傷，並使脊髓神經得到有益鍛鍊。脊柱正直則腰軸旋轉靈活，脊椎成反弓，使脊柱成為勁力之源。

意念守中是和式太極拳的心法。走架時用意使動作規矩端正，不貪不欠，輕靈圓活。拳架為意念的載體，由盤架來強化大腦皮層運動中樞對拳架動作的感知，這種感知的積累形成下意識的本能反應。拳諺說，「拳打十萬八千遍，不打

自傳」，強調了練習拳架對意識鍛鍊的重要性。用意不是故意，和式太極拳練習時要求鬆神凝神，心平氣和，意念守中，本心與意念抱元守一。心動意出，意動形隨，意到勁到。意念要自然，耍拳時不要存如何打人之意。《耍拳論》中說：「此拳由起步學習，至精、氣、神一元化，始終要求自然，鬆柔，輕靈，像頑童玩耍那樣隨便，不要用意、使氣，更不可顯示發勁。」

前輩名師慶喜公在教拳時，要求學生的拳架功夫沒有達到自然圓轉的階段，不能學推手、練技擊，就是怕影響意念守中的鍛鍊。心貴靜，意守中，遇敵攻擊時，反應時間最短，是太極拳後發先至的基礎，也是意念的自然狀態。若意不能守中，心則不能靜，在形則有貪欠偏倚之弊，在用則有呆滯不活之病。自然而然練就的技法，用時才可達到應物自然的無意識狀態。行拳走勢，起於中，落於中，攻於中，守於中，守己在中，取彼也在中。占據中央之地，就掌握了主動權，進可攻，退可守，轉換靈活，故和式太極拳把中正放在重要地位。

四、平

和氏家傳老譜對「平」的論述有：
①運動時以手平衡姿勢運轉。
②（身法）以中平為宜。
③耍拳宜心平氣和，鬆身斂神。
④惟有五陰併五陽，陰陽無偏稱妙手。
從以上拳論可以看出，太極拳運動強調了陰陽平衡，身體平穩，心平氣和。

和式太極拳走架時，兩手之間、兩腳之間、手腳之間、身手之間似有無形繩線牽拉，一動無不動，一靜無不靜（即練架有繩，或稱掛線）。動作以圓或弧線的形態使身體的左右、上下、內外協調運轉，使拳架動作緊湊圓活，形成身體各部位運動時陰不離陽、陽不離陰、此消彼長、和諧妙合的動態平衡。「陰平陽秘，精神乃治」。人體正常的生命現象和生理功能，是人體各部分臟腑器官功能保持平衡，同時與外界物質交換也得到平衡，心情平和愉快的結果。《醫易文》中說：「人生之理，以陰陽二氣長養百骸。易者，易也，具陰陽動靜之妙。醫者，意也，合陰陽消長之機。」和式太極拳在走架時動作和緩均勻，心平氣和，呼吸自然，陰陽無偏，使氣血、臟腑、經絡陰陽平衡，從而達到健身療病及養生的目的。

和式太極拳練習時兩肩要平，頭頂要平，心要平。心平則氣和，氣和身自平穩，身不散亂。

五、輕

和氏家傳老譜對「輕」的論述有：

①以柔中求剛為目的，以輕靈自然為原則。

②手要急，足要輕，把勢走動如貓行。

③而足以為用，也必如虎行之無聲，龍行之莫測。

④起手要輕，不可使氣，手中之力僅能領起手與臂而已。

⑤一舉步周身俱要輕靈。

⑥舉步輕靈神內斂。

⑦尾閭中正神貫通，滿身輕利頂頭懸。

以上拳論都注重和涉及到輕。《耍拳解》中說：「輕，極輕，極輕則極靈，用氣則滯。學者用功，身法運轉要像三尺羅衣掛在無影樹上，在空中迎風飄蕩那麼輕靈自然。此喻甚當，應切切深思。」輕則靈，心靜意靈，表現出身體的輕靈。靈則巧，步子輕靈則進退自如。身法輕靈則轉側縱橫無不隨心。起手輕靈，則聽勁如稱之準確，加一羽、落一蠅就會隨機而動。輕巧靈便才能步入人不知我、我獨知人、隨心所欲的境界。

太極拳輕靈柔和的運動使身體各部分協調均衡，故太極拳能調養氣血，陶冶性情，達到末梢神經和毛細血管氣血流暢，強身健體，延年益壽。

六、柔

和氏家傳老譜對「柔」的論述有：

①彼剛攻而以柔應。

②極柔極剛極虛靈。

③以柔中求剛為目的，以輕靈自然為原則。

④人剛我柔謂之走。

以上拳論強調了柔是剛的基礎，柔又能克剛。《耍拳解》中說：「柔者何也？柔，鬆柔、純柔，鬆關節，柔經絡。初習者要明鬆柔之含義，身體順開展放大，不放大達不到柔的目的。柔中有剛，剛柔相濟，是功成後的自然表現，非勉強可為之。極柔必至極剛是自然辯證結果。初習即求柔中之剛，則是錯誤的。須知柔不及則剛不至也，勉強得來之剛，也不外後天之力，此『剛』不過是枯槁之脆硬，一折即斷，非真剛也。」

和式太極拳由鬆入柔，柔不是目的，是走勁化力的手段，柔中求剛是目的。和式太極拳通過鬆柔自然的盤架，除去後天拙力，從而生出自然之勁，這是化僵為柔，積柔成剛。這種剛是「千錘百煉化作繞指柔」的韌性剛勁。有心求柔而無意得剛，正是太極拳無為之為的辯證結果。初步學習認為柔中有剛，那是錯誤的。柔中求得的剛是亦剛亦柔，能剛能柔，剛柔相濟，內外兼修。

七、圓

　　和氏家傳老譜對「圓」的論述有：

①一圓即太極。

②練勁圓轉。

③渾身一氣如輪子圓活。

④招法內勁圓為宗。

⑤擊左左空，擊右右空，如充氣而圓，無處受力。

⑥意氣須換得靈，乃有圓活之趣。

　　從以上拳論看出，圓是太極之象，圓是活的基礎。和式太極拳素有「圈太極」「步活圈圓」的說法。行拳走勢，以圓為宗，手畫圓，身行圓，步走圓，內勁圓轉。周身協調配合，肩、肘、手、胯、膝、足、軀幹都做圓或弧形的轉動和滾動，形成大圈套小圈，小圈套大圈，渾身都是圈，圓轉連貫，「如充氣而圓，無處受力」。一圓之中八門勁力俱全，圓是化打合一的最佳運動形式。

　　太極拳輕靈圓活的運動方式，是四兩撥千斤、以柔克剛技擊方法的基礎。透過正確的鍛鍊，形成內外合一，即成「渾圓一漾而貫其身，虛感之物而寓靈動」，挨到何處何處

擊，周身無處不太極。

八、活

和氏家傳老譜對「活」的論述有：

①渾身一氣如輪子圓活，虛實轉換旋化隨勢。

②力不可過，過則硬，則不靈活。

③拳手要活，不活則不快，腳手要活，不活則擔險。

④身如活蛇，擊首尾應，擊尾首應。

⑤蓋身不靈則無以為措手之地，而手不敏亦無以為動身之處。

⑥由己則滯，從人則活。

⑦身滯則進退不能自如，故要身靈。

⑧精明乖巧，全在於活，能去能就，能剛能柔，能進能退。

⑨能呼吸然後能靈活。

以上拳論都強調了「活」的重要性。太極拳的論述中多靈活、圓活、柔活並用。和式太極拳輕、靈、圓、順的特點形成了活潑自然的特色。用意則活，用力則滯，神意活潑，手足靈活。和式太極拳步法靈活，進必跟，退必隨，步運身行，能進能退，身自靈活。鬆關節，柔經絡，使周身四大節、八小節節節貫穿，曲伸折疊靈活自如。故活在意，活在步，活在節。身靈手敏，活潑自然，沾連黏隨，急應緩隨，毫無滯機。

第**2**章

和式太極拳的基本要求

第一節　和式太極拳對身體各部姿勢的要求

和式太極拳對身體各部有嚴格的要求。在行功走架時，拳架規矩，姿勢正確，對於提高行功效果，使氣血、經絡陰陽平衡，能起到事半功倍的作用。

透過一段時間嚴格規範的鍛鍊，從而達到明規矩、守規矩、脫規矩，自然而合法度。

按《和氏家傳老譜》（以下簡稱《老譜》）中的規定對和式太極拳對身體各部姿勢的要求闡釋如下。

一、頭 部

1.頭

老譜規定：

（1）頭為六陽之首，為周身之主，五官百骸莫不本此為向背；

（2）頭上頂，後三關易通，經玉枕達百會；

（3）上節不明，無依無宗。

和式太極拳練習時要求在行功走架或站行坐臥時，頭要正，下頦微內收，豎頸順項，不可低頭仰面，左右搖晃。頭頂百會穴似有一線輕輕上提，謂虛領頂勁（或稱頂頭懸、懸頂、提頂）。

經絡學認為，頭為百脈之宗。腦為神經系統中樞，是人體的總司令部。頭容正直，氣則易過大椎穴，上經百會穴，通大小周天，從而使周身百脈暢通，以達健身養生之效果。頭容正直對技擊也很重要。頭正則氣血暢通，頭腦清醒，對外界遇到的情況變化及各種信息匯集大腦後迅速加工處理，及時準確作出判斷，並發出信號，使身體各部協調配合，動作穩健準確。面容表情自然端莊，不可故作怒嬉之狀。頭腦冷靜，處事有法度。

2. 口

老譜規定：舌為肉之梢，舌欲催齒而後肉梢足矣。齒為骨之梢，齒欲斷筋，甲（筋梢）欲透骨，則四梢足，四梢足則氣自足。

和式太極拳練習時，要求牙齒輕叩咬合，舌尖輕舐上顎，上下嘴唇自然合攏。以鼻呼吸，能調節空氣濕度，又可防止污物吸入肺臟。舌、齒姿勢正確，則力沉氣暢，氣催力至。舌舐上腭，接通任督經脈，又利於口腔津液分泌，津液可潤咽喉，咽下可助脾胃消化穀物之精，以養身體。

拳諺有「練拳若得清泉水，延年益壽不老鬆」，表明津液之重要。

3. 耳

老譜規定：

（1）耳為靈性；

（2）耳中不時常報應。

和式太極拳練習時，要求「靜心用意耳自靈」。耳有聽聲辨向之功能，耳聽八方，才能不視而感，明辨身體周邊的變化，準確迅速作出反應，有備無患，不畏敵人偷襲暗算。耳朵血管神經密集，對外界刺激敏感。中醫經絡學認為，耳為宗脈之所聚，腎氣通於耳，經常按摩輕彈耳部，不僅能提高聽辨能力，還可強身延年。

4. 眼

老譜規定：

（1）眼為心之苗目，察敵人情勢達於心，然後才能取勝；

（2）人之來勢亦當審察，腳踢頭歪拳打膊乍，側身進步，伏身起發；

（3）莫須目光撐敵變，沾連黏隨妙法全。目聚精，神自清，出手敏捷制敵勝；

（4）機關在眼，變通在心。

和式太極拳練習時，要求眼要斂神，目光平視前方，目光不可注視某一部位，亦不可上下左右亂看，否則目光呆滯或散亂，不能察顏觀勢。

對敵時目光盯住對方雙眼或雙肩，餘光關照上下左右。靜觀其變，審時度勢。敵人欲動，必有先兆，要及時察覺，

可準確作出反應，克敵制勝。目光飄移亂視，使己目不暇接，目眩頭暈，亂己方寸。

正確的鍛鍊方法能使目光敏銳有神，增強視力，明察其變，使自己立於不敗之地。

4. 頸

老譜規定：

（1）頸挺頭才能正，是精神貫頂；

（2）順項貫頂兩膀鬆。

和式太極拳練習時，要求順頸豎項。頸不可僵硬，也不可軟塌，自然豎直。頸不可隨意扭動，頭隨身轉，身與頭合。脊髓、血管、氣管等匯集頸部，頸部端正，氣血、神意上通下達。頸部端正使頂勁領起，則周身輕靈。正確的方法可使頸椎及頸部肌肉得到較好鍛鍊，對防治頸椎病有很好的作用。

二、軀 幹

1. 胸

老譜規定：

（1）前胸要圓，兩膊力全；

（2）變換在腿，含蓄在胸；

（3）緊要全在胸中腰間運用，不在外面。

和式太極拳練習時，要求胸要含，不可挺胸或凹胸。軀幹部肌肉群放鬆，兩肩略向內扣，有利於做到含胸，使前胸成圓，胸部成蓄勢。心窩微收，懷如抱斗，胸部內含，能使

脊背上拔，氣貼脊背。含胸可使胸椎前弓減弱，增加胸腔容積，肺容量增加，使呼吸順通深緩。

2. 腹

老譜規定：
（1）腹內鬆淨氣騰然，氣以直養而無害；
（2）腹鬆氣斂，神舒體靜；
（3）腰、腹為中節。

和式太極拳練習時，要求腹部放鬆，橫膈向下運動，有助於氣沉丹田，使腹部獲得充實圓滿的感覺。但是，在練習中不可鼓肚外挺。

腹部在鬆淨狀態下，隨身體的屈伸開合，腹部肌肉的張弛，橫膈的上下運動，使肺部充分收縮與擴張，呼吸自然深長，並可使腹腔臟器得到輕微按摩，有助胃腸功能的增強與恢復。

應避免呼吸配合動作時，運動量增大後配合失調，造成橫氣填胸，輕者胸悶乏力，重者危及身心健康。腹部充實鬆淨，對技擊也有重要作用，氣暢則內勁出，能呼吸然後能靈活。氣暢可使氣、勢合一，丹田內轉，意到、氣到、勁到。腹實也有助於鬆沉蓄力，下盤沉穩。

3. 腰

老譜規定：
（1）氣若車輪，腰若車軸；
（2）腰脊中正頂勁領；
（3）氣聚諸腕，機關在腰；

（4）放時腰、腳認端的。

和式太極拳練習時，要求腰要正、直。腰為胯上肋下的部分，為身之中節，中節不明，全身自空。腰不能前俯後仰，左右歪斜。

腰部的結構是人體的一個薄弱環節，上下只有腰椎及肌肉支撐。先父在傳拳時常言：「塌腰易使腰椎受力不均勻，中軸不直，下盤轉換不靈，易產生腰部勞損，並使氣血勁力在腰部受阻，上下不暢，勁難成一家。」腰部正直，上部所受重力迅速下傳，經骶髂關節傳至骨盆，經骨盆及胯的轉換，根據所處狀態及受力情況下傳於雙腳或一側腳，在化解對方來力的同時，進步反擊，退步卸力或長身起發。掌、腕、肘和肩、背、腰、胯、膝、腳，上下九節勁，節節由腰發。

腰部也是下體產生的力達於掌指的傳遞樞紐。腰部姿勢不正，勁不能達於掌指，造成腰部受力過重，對腰椎產生衝擊，不僅腰部易受損傷，還會由脊椎對大腦產生不良影響。

4. 臀

老譜規定：

（1）裹臀；

（2）提起臀部，氣貫四梢。兩腿繚繞，臀氣相交。

和式太極拳練習時，要求臀要垂、斂、裹，三者合而為用。拳諺有：「撅臀彎腰，傳授不高。」臀部肌肉向下鬆垂，再輕輕向前、向裡收斂，裹臀使尾骨微向前移，有向上托住丹田之意，使丹田氣上翻，貫於四梢。

中醫理論認為，經脈匯於會陰。斂臀不但有利於身體平

衡，亦利於經脈之暢通及內氣的傳承疏導。臀部在技擊中也不可忽視。臀部與身法、手法配合，俯身臀部上挑，可擊身後近身之敵，也可使敵人從我背後前翻倒地，如拳架中的束手解帶、海底針等式。

5. 脊骨

老譜規定：

（1）脊骨要挺則力達四梢，氣鼓全身；

（2）力從人借，氣由脊發；

（3）牽動往來氣貼背，斂入脊骨，則能力由脊發。

和式太極拳練習時，要求脊要挺，即鬆垂正直。背部肌肉放鬆，含胸拔背，正腰斂臀合而為用，脊柱即正直。脊骨正直時脊椎為反弓，成為重要的勁力源泉。發力時脊柱只恢復原狀，脊椎不易受損傷，而且速度快。

脊柱是脊髓神經所在部位，是中醫所說督脈通行的部位。督脈下起骶骨尾部中央長強穴，沿督脈上行至頸部背面的大椎穴，而腧穴也都在背部。腧穴是人身氣血的總匯，臟腑精氣由腧穴而相互貫通。

太極拳對脊骨的正確鍛鍊，能使氣血暢通，可對脊椎疾病有輔助治療作用。

三、上肢部

1. 肩

老譜規定：

（1）兩肩下垂則臂長力活；

（2）兩肩鬆開，氣向下沉；

（3）肩扣則氣力到肘；

（4）肩打一陰反一陽。

和式太極拳練習時，要求肩要鬆、沉、扣。肩關節是人體活動範圍較大的關節。肩部肌群放鬆，手臂可上下前後左右隨意運動，圓活而毫無滯機。肩關節、肩胛骨鬆沉內扣，有助氣沉丹田的自然形成。在走架時，肩與胯合，上下之勁能成一家。肩扣則氣到肘，兩肩相扣，含胸拔背，有助於脊柱正直。和式太極拳技擊中肩的用法靈活多變，素有「和家神靠」之美譽。肩靠為近身打法，威力大，有迎門靠、貼身靠、背折靠等靠法。肩在運動中形成一進一退，一上一下，協調對稱。肩靠要求身法、步法、手法高度協調，否則易露形而受制於人。

2.肘

老譜規定：

（1）肘落肘窩；

（2）兩肘下垂則兩膊自圓；

（3）肘打如同石投井；

（4）雙肘在肋旁。

和式太極拳練習時，要求肘要墜，沉肩墜肘合而為用。肘向外翻起上抬，俗稱賣肘，為病。

肘關節的主要活動範圍是屈伸運動。肘屈則臂成圓弧形，即弓形。肘不可過屈，過屈不圓。亦不可過直，過直少夾。似屈非屈，似直非直。肘關節屈伸自然，伸則氣達手指，屈則氣貫肘尖。在技擊中肘要屈使，和式太極拳中有迎

面肘、穿心肘、搬攔肘、七寸肘等。肘還有一個重要作用是護肋。沉肘伏肋，肘要輕貼兩肋，但不可過緊，以免影響手臂靈活運用。

3. 腕

老譜規定：手把要靈，不靈則生變。

和式太極拳練習時，要求腕要順直。手與前臂盡量配合使腕部成直。坐腕、折腕，俗稱「帶把」。「帶把」使氣血在腕部受阻，影響腕關節靈活運動。手腕順直，有利於內勁貫注掌指，否則，易被對方擒拿或掛帶而受制於人。

四、下肢部

1. 胯

老譜規定：

（1）基礎在步，活動於襠；

（2）沉肘鬆肩，鬆胯鬆膝；

（3）有不得機得勢處，其病必於腰腿間求之。

和式太極拳練習時，要求胯要鬆。腰腿間為胯，胯是下肢重要的關節，是上體與下肢轉關換勁的樞紐，是分出左右陰陽及陰陽轉換的重要環節。和式太極拳更強調了襠、胯的重要性。上體所受勁力通過腰骶關節傳於骨盆，在傳於兩胯時分出虛實，才能及時轉換步法，變換方向，進退自若。反之，下肢所發之力上傳於兩胯經平衡調整，傳於腰而達於上肢。胯鬆則氣能沉下，鬆胯屈膝襠自圓。正腰鬆胯，屈膝圓襠合而為用，是綜合塑成的形態。

2. 膝

老譜規定：

（1）膝藏無懈；

（2）膝打要害能致命。

和式太極拳練習時，要求膝與身、足保持順遂，要靈活。膝關節要承受上部重力。膝關節主要活動範圍是屈伸，膝不能扭轉。運動中不可長時間過度屈膝，以減少膝關節負擔。

和式太極拳要求小腿直，順腿，順腳等，有助於減少膝關節過屈及扭轉。膝關節要屈中求直，直中有屈，屈膝角度適當，與胯、足協調配合，使膝關節靈活而富有彈性。膝在技擊中宜近身使用，有攻防兼備、威力大之優點。

3. 腳

老譜規定：

（1）膝落時著地生根；

（2）足、腿為根節；

（3）勁起於腳根；

（4）下節不明，自家吃跌。

和式太極拳練習時，要求腳要順。腳十趾爬地，腳掌著地，不丁不八不彆扭。腳是身體的根節，「根節不明，自家吃跌」，腳立穩身體能穩。

腳又是步法、腿法的根基，腳順而步法靈活，走架時進退敏捷，落地生根。

第二節　和式太極拳對基本動作的要求

一、手　法

（一）手　型

（1）掌

五指伸直，自然併攏即成掌（圖 2-2-1）。掌心有鼓起之意，氣達指尖。在和式太極拳套路中，掌與手腕必須成直，根據方位與用法不同又分為下列掌型。

①直掌。泛指手腕伸直的姿勢。

②側立掌。直掌時掌心斜向前，掌外沿偏向下，指略向上。用眼觀察只可以看到掌心、掌背的一部分，故又稱半陰半陽掌，是和式太極拳最重要的掌型。

③垂掌。掌指尖朝下或偏向下，手腕伸直的姿勢。

④反掌。手掌直腕外旋至掌心朝外的姿勢。

⑤旋掌。又分內旋和外旋兩種。內旋為側立掌型，掌外沿向內旋轉。外旋為側立掌型，掌外沿向外旋轉。

和式太極拳以圓或螺旋形運動為主，以上掌型多在拳架的運行過程中交織出現，成為拳架招式中的掌型。

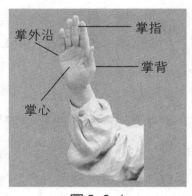

圖 2-2-1

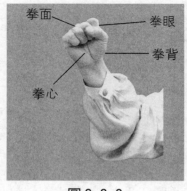

圖 2-2-2　　　　　　　　　　圖 2-2-3

（2）拳

拳，俗稱捶。四指併攏捲握，將指尖貼著掌心，拇指指肚扣在中指的中節上握成拳（圖 2-2-2）。

在套路中，根據方位與作用的不同有如下拳型。

①立拳。拳眼向上或偏向上的姿勢。

②平拳。拳眼向左或向右、拳背橫平的姿勢。包括俯拳、仰拳。俯拳拳心向下，仰拳拳心向上。

③倒拳。拳面向下或偏向下的姿勢。

④反拳。手臂外旋至拳心向外的姿勢。

（3）勾

五指依次內含，指尖捏攏，腕自然鬆垂（圖 2-2-3）。

（二）手法的主要內容與要求

（1）捋手。以手著力，由前向後牽引對方的技法。捋手要順勢引領，使對方來力落空。根據方向不同，分為向身前捋引和身側捋引等。

（2）按手。在太極拳中，用手向外推叫做按。初以手掌外沿為著力點，透過臂的伸展，以直掌外旋來完成動作。推按時直掌沉肘、前展沾實的同時，身體鬆沉蓄勁，再向上、向前發勁，勁達掌指而自成螺旋。

（3）托手。以手由下向上攔化對手進攻之肢體的技法。托手時掌向上托，身向下鬆沉，使托手動作幅度減小而速度加快。如抱膝、退步跨虎、金雞獨立等式。

（4）劈。是手臂由上向下運動的技法，著力點多為掌外沿。

和式太極拳有掌似兩把刀的要求，在拳架中以直腕側立掌貫穿始終。側立掌是手臂起落的自然狀態，在交手中能處處順遂，靈活多變。

手為梢節之頭，頭不可失，在交手時失頭則力不能達於手掌，勁必被窩。掌外沿著力沾接對方，著力點小，聽勁靈敏，旋轉靈活，隨勢前展引其過而擊之，後收引化蓄勁，對方落空乘隙發之。

和式太極拳要求兩手分清陰陽。有前必有後，有上必有下，有進必有退，可攻可防，可化可發。手與臂合而用之，內旋、外旋自轉分出陰陽。

（5）沖拳。以臂屈伸用拳完成的技法。如掩手捶、彎弓射虎、旋腳蹬根等。

（6）貫拳。以拳由外向內圈打的技法。如雙峰貫耳、肘底看捶。

（7）栽拳。是屈臂以拳由上向下運動的技法。運用時拳面向下，主於攔化防守。如指襠捶、青龍探海。運用時拳心向下又稱蓋拳。如二步三捶。

（8）搬攔拳。是屈臂一拳向外翻打，另一臂攔化的技法。如搬攔捶、回頭看畫。

拳是和式太極拳手法的重要組成部分。在行功走架時拳不宜握得太緊，手腕要直，要活。得機出拳時，著點拳要緊，有擰鑽之勁。「去時撒手，著人成拳」。拳能加大打擊力度，多在發寸勁、崩勁時用拳。拳的用法要領與掌相似，即不貪不欠，不犯抽扯，進拳必進步進身，以身力催拳，著人時拳要握緊，有旋轉擰鑽之勁，力透內臟，極具殺傷力，因而非遇險境不易用拳。

（三）勾手在運用時根據著力點不同分為點、帶等技法（勾法）

用勾指尖部位為力點的技法力點，用勾身部位為力點的技法如勾帶等。勾手用於點擊，如單鞭、左金雞獨立。另一用法是在化解擒拿的同時穿點對方，如手揮琵琶。勾帶，如斜行。勾手為奇門手法，迫不得已而用之，用時要順勢。

拳諺曰：「陰陽掌法變不盡，空心拳打穿透功，不得已時撮手用，撮手點打致命功。」說明了勾手在太極拳手法中的重要性。

和式太極拳強調手與身及意念的和諧。和敬芝在《高手武技論》中說：「且拳勇之勢，固貴乎身靈，尤貴乎手敏，蓋身不靈則無以為措手之地，而手不敏亦無以為動身之處，惟身與手合，手與身應……」「拳從心發，以身力催手。手以心把，心以手把」等都說明了手是身的一部分，手法與身法及心意合而為用。

二、身　法

「身法有八要，起落進退，反側收縱。起為橫，落為順，進步低，退步高，反身顧後，側顧左右。斂如伏貓，放似縱虎。以中平為宜，以正直為妙，與三節相宜」（《九法解》）。《九要論》中對身法也有精闢的論述（詳見《九要論》第八）。

縱、橫、高、低、進、退、反、側是身法的主要運動形式。太極拳又是圓的運動，周身協調配合，體現出勁走螺旋、轉換靈活的太極拳運動特色。如摟膝對身法的要求：在側身化解對方勁力的同時重心右移（退），左腳變虛進左步時蓄勁（低）待發。發放時身體左移橫進的同時起身左轉，側顧左右，使勁走螺旋，肘靠相隨。

身法上與兩膊相擊，下與兩腿相隨。在交手時虛實兼備，遇力則走，圓活靈便，進步進身，身手齊到。要進中寓變，身法端莊而輕靈。

三、步　法

（一）常見步型

（1）弓步。俗稱「弓箭步」。是一腿彎曲、另一腿伸直的姿勢。

左腿彎曲為左弓步，反之為右弓步。

（2）平行步。是兩腳分開、自然平行站立的姿勢。

（3）仆步。俗稱「單叉」。是一腿屈膝全蹲、臀部下坐，另一腿伸直平仆接近地面的姿勢。

左腿伸出為左仆步，反之為右仆步。

（4）虛步。俗稱「丁八步」。是一腿屈膝支撐，另一腳腳尖點地或以全腳掌虛著地面的姿勢。

左腳為虛為左虛步，反之為右虛步。

（5）獨立步。是一腿直立、另一腿屈膝前抬的姿勢。

左腿自然直立為左獨立步，反之為右獨立步。

（二）主要步法的內容與要求

（1）進步。是一腿向前移動一步的動作。如金剛三大對、高探馬。

（2）上步。是一腿由身後移至身前的動作。如閃通背、拍腳、野馬分鬃等。

（3）跟步。是後腳向前跟進，但不超越前腳的動作。如白鶴亮翅等。

（4）催步。是一腿向前進一步，後腳跟半步，前腳借助跟進腳著地的前催力迅速再進步。

和式太極拳在練習時，催步在後腿跟半步後，兩腿變換虛實，但不明顯進步，在交手時催步表現明顯。

（5）退步。是一腳由身前退至身後的動作。如倒攆猴、勒馬勢等。

（6）撤步。是前腳後移，不過後腳，或後腳向後移動的動作。如退步跨虎、如封似閉等。

（7）側移步。是兩腳依次側向移動的動作。如雲手等。

（8）跳換步。是兩腳跳離地面交換位置的動作。用於防守和換步反擊。如二起腳等。

（9）震腳。也稱震步。分單、雙震腳，震腳時全腳掌重踏地面。雙震腳是一腳提起，另一腳躍起，再先後重踏地面。震腳有助氣血鼓蕩。雙腳騰空又可避掃擊。

（10）蓋步。是一腳經另腳前向對側橫向蓋上的動作。兩腿交叉，蓋上腿屈，不動腿直。

蓋步時前腳可躍起，後腳向前擺起超過前腳，使身體騰空，在空中上體向後腳同側側轉。然後，後腳向躍進前方落步，前腳隨之落於其前或體側，上體隨之回轉中正。

和式太極拳有步活圈圓的特點。步法具有運載身體進退轉換、起落縱橫、左右閃展的作用。鬆胯圓襠、兩腿分清虛實是步法靈活的保證，步法靈活快疾則動作敏捷迅猛。落腳順遂不彆扭是步法沉穩的基礎，步穩則身穩。總之，步法在使用時要與身法、手法協調，步隨身換，手腳相隨。法不可執，習之純熟，用之無心，方盡其妙。

四、腿 法

主要內容與要求：

（1）踢腿。是一腳以髖關節為軸，向上方直腿上擺的動作。

向正前方直腿上擺為正踢腿。向同側上方直腿上擺為側踢腿。

（2）蹬腿。是一腿支撐，一腿先屈膝提起，以腳跟為力點，腳尖朝上，伸膝出腿的動作。

（3）纏腿。是一腿支撐，另一腿屈膝離地，以髖、膝關節為軸，腳掌由外向裡畫圓的動作。

（4）掃腿。是一腿全蹲，以腳前掌支撐為軸，另一腿

伸直，腳尖稍內扣，腳掌擦地向前掃轉的動作。

（5）拍腳。是以一腿支撐，另一腿以髖關節為軸，腳面繃平，向同側直腿上擺，並以同側手擊拍腳面的動作。

（6）擺腳。是一腿支撐，腳尖稍外擺。另一腿直腿斜踢，再經面前向體側畫弧擺動落下，並以異側手（單擺腳）或兩手（雙擺腳）擊拍腳面的動作。

暗腿是暗含在步法中的腿法，其中主要有：套、插、勾、踩、踹等。

（1）套腿。進步前落時，以腳尖由外向內套於對方腳後，截其退路。

（2）插腿。進步或上步時，以一腳插入對方兩腳之間，摧毀對方身體的平衡。

（3）勾腿。進步時，將腳尖由外向內勾於對方腳後，隨之向內勾其腳。

（4）踩腿。一腳落腳時，以腳底踩對方脛骨或腳面。

（5）踹腿。一腳落腳時，以腳底橫踹對方脛骨。

和式太極拳要求：在運用腿法時要保持支撐腿穩定，身體端莊，不可頭歪身斜。腿較手臂長，能打距離較遠之敵，腿較手臂力量大，能重創對方。但是，腿有支撐身體重力的作用，用腿時只有一腿支撐，身體的穩定性受到影響，故有「起腿半邊空」的說法。

在應用腿法時，要做到起翻落鑽，穩準疾狠，不能勉強起腿用腳。正如拳論中說：「腿腳以為用，必如虎行之無聲，龍行之莫測。」

腿也是發力的勁力之源。拳論中要求「一身備五弓」，左右腿即為其中兩弓。發勁時，腳向下蹬地，腿弓伸展，迅

速將力向上傳遞，達於掌指。拳諺有「手是兩扇門，全憑步贏人」之說，也說明了腿法的重要性。

第三節　和式太極拳的整體要求

一、心靜體鬆，姿勢端正

和式太極拳練習時，要求行拳前首先心靜神凝，排除雜念，調氣順意，處於物我兩忘的狀態。心靜全身自然放鬆，由鬆入柔，鬆身神凝，自然而靜。純靜專一，動則靈敏，止則沉穩。「心不靜，則不專，一舉手前後左右全無定向，故要心靜」。「鬆」是一種境界，放鬆不僅在肢體，意識也要放鬆。經過長期練拳，中和之氣充沛鼓蕩，使本心與意念合一。

姿勢為身體各部位的形態。先輩名師慶喜公教學時非常注重拳架規範。行拳走架做到虛領頂勁，含胸拔背，沉肩墜肘，正腰落胯，腰脊鬆垂，裹臀鬆膝。求中、守中，身體中正，不偏不倚，無過不及，任督二脈則上下通達，氣暢不滯。肢體靈活，屈伸進退轉關換勢就毫無滯機。太極拳在內不在外，要注重神意及中氣的修練。

練拳的意念不要過重，意念只在拳架的規範上，不要有如何運氣或著勢打法的意念。拳架本身是意念的載體，是先輩用心血總結編排出來的，練拳時的意識只在有與無之間，意念過重則動作呆滯不活。

太極拳是透過著法練勁法，「由著熟而漸悟懂勁，由懂勁而階級神明」，到此階段，中和之氣充沛鼓蕩，舉手投足

皆合法度。周身無處不太極。

二、著勢清楚，三直六合

和式太極拳練習時，要求行拳走架時，按照手法、眼法、身法、步法及腿法的具體要求認真做好。所謂不撤不停，指每一動中，一側動而另一側不動為撤，腳之作用與手同。不到成勢時止住是將勁打斷，是停，犯此則陰陽離訣，勁不連接，終無效用。

和式太極拳一代宗師慶喜公教學時，要求學生先學練單勢，一著一勢按規矩練熟後，再將單勢連接起來成套路。先父講拳時常言：「活都在路中做，成勢不打人。」

「活」即打人的著法。是由手、腳運行中的陰陽變化形成合力或分力而擊敵。拳勢一混做去，謂流水架，為病。著勢不清，技法不明，必致勁無從發。同時要做到三直：頭直、身直、小腿直。虛領頂勁，下頦微內收，使頭部成直。身體不左歪右斜，不前俯後仰則身直。膝不過曲，胯不斜掉，達到小腿成直。

六合中，外三合指手與足合、肘與膝合、肩與胯合。外三合使手腳相隨，手到足到身到，上下相隨，一動無不動，一靜無不靜。內三合指心與意合、氣與力合、筋與骨合。

心與意合是經過對拳架的正確練習，使思維與意識相合，即本心與意念相合。氣的運轉與力的運使相合，即屈伸開合與呼吸相合。氣順蓄神，內外相合，氣催力發。筋與骨合是肌肉與骨骼的配合，使周身之勁聚在一起，專注一點，不犯牽扯不整的毛病。

三、分清陰陽，明白拳理

和式太極拳練習時，要求學太極拳首先要明陰陽之義。和兆元宗師在《太極拳要論》中說：「太極陰陽之理貫穿於拳勢之中，有剛柔之意，順背之謂，屈伸之分，過與不及之謬也。」和式太極拳的每一著勢都是身體各部陰陽互相變易的運動。身體對稱的部位，似有無形之線牽拉，一動皆動，不撇不停（即謂練架有繩，俗稱掛線），使拳架動作遵循陰陽變化規律，獲動態的平衡。練太極拳做到這種動態平衡，此時背絲扣俱備。

在內表現為氣血暢通，精神充沛，在外表現為動作協調，周身一家，走架行功時有種「膩滋滋」的感覺。

處處分清陰陽，懂得陰陽變化的規律是太極拳懂勁的基礎。「陰不離陽，陽不離陰，陰陽相濟方為懂勁」。由外帶內，由內達外，勁由內換，陰陽的變化神妙不測，無形無象，人不知我，我獨知人。

在太極拳的發展過程中，先輩們根據太極之理，結合心得體會，總結出豐富的拳理。如《九要論》《太極拳要論》《太極拳技法注講》《耍拳論解》《五字訣論》等等（詳見《和氏家傳老譜》），都精闢地論述了太極拳的練法、心法，對學好太極拳有指導意義。學者要認真弄通弄懂拳理，並與拳架、著勢有機結合，這是學好太極拳的不二法門。

四、三節五順，周身相隨

和式太極拳練習時，要求明三節。《九要論》第三中說：「夫氣本諸身，而身之節無定數，可分為三。三節者，

上、中、下者是也。」「人身可分三節，每節又分三節。明三節則靈活，上節不明無倚無宗，中節不明，渾身自空，下節不明，自家吃跌。」「氣之發動，皆由梢節起，中節隨，根節催。」明三節，拳鬆柔，四肢百骸總歸一節。

所謂五順指順身、順腿、順手、順腳、順意。順者，通達不彆扭。意何往，身必何往。手向左去身順之去，腿向左去腳亦順之去。順腳時，以後腿跟為軸，擺動腳尖隨勢而動。走架以腰帶動四肢，圓襠活胯。步隨身換，手與身應，身與手合。上欲動而下自隨之，下欲動而上之領之，上下動而中節攻之，中節動而上下和之，從而形成周身相隨、內外相合的整體運動。

五、互為輪軸，輕靈圓活

和式太極拳練習時，要求著勢中的勁力運行及轉關換勢由身、步、兩脇、兩肩、兩肘、腰及兩胯、兩膝、兩足不同方向的圓弧運動協調配合，互為輪軸，完成身體各部位的公轉、自轉。即大圈套小圈，小圈套大圈，渾身都是圈。以內氣行之，如九曲之珠，無往不到，無往不利，以形成渾厚的圓轉之勁。著勢之間的銜接勁斷意不斷，勢勢相承。

輕靈圓活是和式太極拳的基本原則。著勢運轉不尚用力，要輕，輕則靈，靈則巧，則多變。身法運轉如三尺羅衣掛在無影樹上迎風飄蕩，輕靈自然。「一圓即太極」。圓為太極之象，太極拳每動必以圓為宗。步以走圓，身以行圓，手以畫圓，內勁圓轉，一舉一動無不是圓。圓則轉，能轉背為順，隨人由已。圓則活，不呆板。活在意，意氣換得靈，則有圓活之趣。活在節，一動俱動，靈活自如。活在步，步

要虛實分明，轉換迅速，則能輕快敏捷，運動自如，從而達到圓轉順遂，活似車輪，觸之則旋轉自如無不得力。即滑如魚，黏如膠，柔如棉花，硬如剛。

六、大小快慢，自然神行

和式太極拳的練習，要求初學時，盡量使架式放大，步子拉開，身樁下低，關節放鬆。此階段動作要慢，注重姿勢端正、動作正確、柔筋掰骨的鍛鍊。日日研進，日積月累，動作由僵滯到鬆柔，由散亂到初步協調，速度要適當加快，一般 4～6 分鐘打一套拳。

要注重耐力、速度的加強，尤其應該注重外形帶內動，周身順遂，著勢圓活，然後快而復慢。拳架結合理論，逐步達到輕靈圓活，中正鬆柔，陰陽相濟，順遂自然，以內達外，內外合一，渾身皆圈而不見圈的高級狀態。

在體質與年齡允許的條件下，架式不可過早過於收小。拳理雖有「先求開展，後求緊湊」之說，但不可誤解為拳架小就緊湊。緊湊是拳架練到高層次時的間架結構圓轉無間。拳架能練到陰不離陽，陽不離陰，陰陽相濟，此時大也緊湊，小也緊湊。所謂能大能小，能快能慢，才可達到動急則急應，動緩則緩隨。

和式太極拳的呼吸隨著拳架功夫的增長大致分三個階段：

（1）初學者處在柔筋掰骨，增加體力，以形體活動為主，活動量大。此階段是與生俱來的自然呼吸法，呼吸短而淺，多在胸部，應注意氣向下沉，防止橫氣填胸。

（2）調息階段，以腹式呼吸為主。動作呼吸自然配

合，不可刻意追求呼吸與拳架的配合。否則配合不當，易致胸悶腹脹、頭暈腦脹的不良反應。此階段要拳速度均勻適宜，呼吸深長而均勻。

（3）調神階段，是內在潛式呼吸。呼則細長，呼則微微，無聲無息，藏而不露，動靜開合之間呼吸已就。腹內鬆淨，氣以直養，氣守丹田，既可養生，還可適應急動緩隨的運動。

練拳、呼吸有階段之別，均以自然為法則。隨拳技提高而自然出現各階段的呼吸方法。動作與呼吸相輔相成。

練精化氣，練氣歸神，練神還虛，使呼吸、拳架、神意融合為一。後天返先天，一氣運轉，形歸無跡，技到無心，陰陽不測，柔則虛靈莫測，剛則無堅不摧。自然神形。

第 **3** 章

和式太極拳七十二式
動作圖解

第一節　和式太極拳七十二式動作名稱

起勢

第 一 式　金剛三大對

第 二 式　懶扎衣

第 三 式　如封似閉

第 四 式　單鞭

第 五 式　領落上金剛

第 六 式　白鶴亮翅

第 七 式　斜行

第 八 式　琵琶勢

第 九 式　躍步斜行

第 十 式　轉身琵琶勢

第十一式　摟膝躍步

第十二式　伏虎

第 十三 式　指襠捶

第 十四 式　肘底看捶

第 十五 式　倒攆猴

第 十六 式　白鶴亮翅

第 十七 式　斜行

第 十八 式　海底針

第 十九 式　閃通背

第 二十 式　如封似閉

第二十一式　單鞭

第二十二式　雲手

第二十三式　高探馬

第二十四式　左右拍腳

第二十五式　旋腳蹬跟

第二十六式　二步三捶　　　第　五十　式　白鶴亮翅
第二十七式　青龍探海　　　第五十一式　斜行
第二十八式　二起腳　　　　第五十二式　海底針
第二十九式　分馬掌抱膝　　第五十三式　閃通背
第　三十　式　喜鵲蹬枝　　　第五十四式　如封似閉
第三十一式　鷂子翻身　　　第五十五式　單鞭
第三十二式　左右裏膝　　　第五十六式　雲手
第三十三式　掩手捶　　　　第五十七式　高探馬
第三十四式　抱頭推山　　　第五十八式　單擺腳
第三十五式　如封似閉　　　第五十九式　吊打指襠捶
第三十六式　單鞭　　　　　第　六十　式　領落上金剛
第三十七式　前後招　　　　第六十一式　懶扎衣
第三十八式　勒馬勢　　　　第六十二式　右扎七星
第三十九式　野馬分鬃　　　第六十三式　回頭看畫
第　四十　式　玉女穿梭　　　第六十四式　黃龍攪水
第四十一式　轉身懶扎衣　　第六十五式　如封似閉
第四十二式　如封似閉　　　第六十六式　單鞭
第四十三式　單鞭　　　　　第六十七式　左扎七星
第四十四式　雲手　　　　　第六十八式　進步十字手
第四十五式　跌岔　　　　　第六十九式　退步跨虎
第四十六式　掃蹚腿　　　　第　七十　式　雙擺腳
第四十七式　金雞獨立　　　第七十一式　搬弓射虎
第四十八式　雙震腳　　　　第七十二式　金剛三大對
第四十九式　倒攆猴　　　　收勢

第二節 和式太極拳體用拳訣

起勢

起勢中正周身鬆，腳與肩寬距均衡。
納吐自然元氣增，延年益壽太極功。
靜中觸動陰陽現，立如秤準頂頭懸。
身軸微轉四象動，前後左右敵栽空。

1. 金剛三大對

金剛陰陽圓中變，十三式法神妙現。
上下四肢合身法，背絲纏絲走螺旋。
接引化發順中求，圓活緊湊陰陽就。
錯綜奇偶柔裏剛，周身內外中氣暢。

2. 懶扎衣

懶扎衣勢臂滾旋，分筋錯骨陰陽變。
勁出渾圓手腳到，順身順腿根基要。
八面支撐神意行，活胯鬆腰意氣靈。
千變萬化由我運，八卦五行尋剋生。

3. 如封似閉

如封似閉環中鬆，吃啥還啥退為攻。
一開一合妙無窮，陰陽二氣隨機生。
開則俱開勁落空，合則正隅因勢攻。

識得太極開合妙，神意一動虛靈中。

4. 單鞭

單鞭一勢最為雄，一字長蛇橫西東。
擊首尾動精神貫，擊尾首動脈絡通。
當中一擊首尾動，上下四傍扣如弓。
若問此中真消息，須尋脊背骨節中。

5. 領落上金剛

兩儀領落上金剛，左右遇襲心莫慌。
右掤左按擊敵出，正隅一變柔裹剛。
上下內外貫一氣，氣源丹田上下遞。
周身渾圓勁力暢，十三式法勢中藏。

6. 白鶴亮翅

白鶴欲飛先亮翅，遇敵急進成挒勢。
退時顧盼奇正變，身手欲動勁內換。
隨勢就勢不丟頂，束翅側上發丹田。
旋臂掄圓喻鶴翔，細研鶴舞益延年。

7. 斜行

斜行換步身要正，隨勢套腿橫旋行。
內裹外纏敵難脫，因勢側分腿虛靈。
屈蓄鬆轉螺旋勁，奇正虛實理要明。
三門肘靠涵其中，左勾右擊剛柔用。

8. 琵琶勢

手揮琵琶韻律妙，左右化擊用勢巧。
陰陽翻轉五行變，上下相隨生剋現。
虛實分明步法活，八門勁法敵難脫。
不丟不頂妙中玄，腰脊正直中軸旋。

9. 躍步斜行

躍步斜行摟膝功，中軸一轉靠勢凶。
十字翻滾有奇能，腿起足落斷其根。
上下相隨擊三節，回旋樞軸涵乾坤。
肘手藏鋒借勢變，一氣統領頂頭懸。

10. 伏虎

伏虎降龍一氣成，何懼身後敵頑凶。
背後敵抱神鎮定，臂領氣沉十字封。
長身脊背有奇功，陰陽虛實腰胯鬆。
上下和諧立圓動，左右旋閃肘捶攻。

11. 指襠捶

指襠捶勢手法稀，分筋錯骨示神奇。
搭手翻轉陰陽變，破解擒拿非等閑。
步進身到勁要整，拳肘滾旋連珠成。
旋胯軸轉靠勁崩，步活身正破敵門。

12. 肘底看捶

肘底藏拳護中鋒，迎面捶來敵撲空。
靈動寓變陰陽理，上下相合渾圓功。
敵進胯旋右捶擊，正隅變轉太極理。
莫道一捶一肘用，渾圓緊湊顯內功。

13. 倒攆猴

防攻攻防倒攆猴，退中有進退也攻。
太極妙在陰陽濟，經脈氣血自順通。
上下相合兩儀動，左右立圓顧盼中。
沉肩墜肘鬆腰胯，精氣內動法歸宗。

14. 海底針

海底探針左手撮，旋胯身轉上下合。
反掌肘靠擊敵用，開合有致一氣領。
右臂上翻左掌下，力劈華山迎面打。
手護身進步輕靈，渾圓一體自然勁。

15. 閃通背

閃通背法伫勁行，五行生剋隨勢迎。
往返挪步走輕靈，接手閃伫背法驚。
步隨身換須留意，形神內外融一體。
氣沉襠圓轉周天，百脈暢通體鬆輕。

16. 雲手

雲手輕柔如行雲，兩臂畫圓護喉陰。
立如鐘座須平穩，復而又返要均勻。

腰脊隨動虛實變，兩手接應顧盼間。
圓活靈捷頂虛領，隨勢進退用奇兵。

17. 高探馬

高探馬勢上下翻，往復折疊佇勁旋。
進步迫進生剋現，順勁瞬間變中變。
換步五行八卦手，陰陽翻轉顛倒顛。
千變中軸法無偏，不丟不頂妙中玄。

18. 左右拍腳

左右拍腳勁走圓，鬆胯氣沉守丹田。
催步急行平心拳，縱橫齊攻意氣綿。
根穩腳起意騰挪，上下正隅十方全。
前若來敵側面迎，身似游龍走螺旋。

19. 旋腳蹬跟

旋腳蹬跟顧身後，分臂走旋似甩袖。
雙峰貫耳膝上沖，身正背圓單腿動。
引到身前雙臂崩，手腳齊進敵翻騰。
蓄發開合奇正變，內丹一動勁路全。

20. 二步三捶

二步三捶上下倒，側身換步敵難曉。
內外搬攔化即打，下盤腳腿胯合好。
膀活胯鬆前後用，陰陽虛實理義要。
練拳似要應記牢，輕柔順遂自然找。

21. 青龍探海

青龍探海順敵勁，俯身下勢頂要領。
栽捶下打周身順，彼力愈大空愈深。
右胯鬆沉身自轉，黃龍滾背顧後邊。
青龍黃龍動無形，機關巧要誰能明。

22. 二起腳

左右連環二起腳，騰空拍擊敵難明。
霸王敬酒不露形，丹田勁發拳要崩。
開合呼吸蓄發就，立圓自合任督行。
落地換步要輕靈，左腳再起身後應。

23. 分馬掌抱膝

進步進身分馬掌，雙掌側立交叉領。
沉肘外旋兩邊分，柔中寓剛撥人群。
內合托肘封敵進，好似抱膝頂腹陰。
千變萬化使不盡，輕靈圓活順勢尋。

24. 喜鵲蹬枝

喜鵲蹬枝勁蓄滿，振翅欲飛意先騰。
蓄勁周身蜷得緊，展腿蹬擊敵腹心。
雙手托肘膝頂陰，解開其意心為本。
脊發根催勁要跟，氣沉丹田身自穩。

25. 鷂子翻身

鷂子翻身勢矯健，雙掌接手閃捌旋。
腳跟抹轉左腿擊，上下相隨勢無間。
起腿蹬足半邊空，遇擊莫慌順敵蹤。
陰陽相濟身手領，氣轉身旋展輕靈。

26. 左右裹膝

左右裹膝步要穩，護襠蓄勢守中門。
腳落身轉勁路整，正隅變化左右尋。
勢勢連用巧安排，手撩腳蹬上下擺。
連環身旋虛實明，八面應敵示奇能。

27. 掩手捶

掩手捶勢寓意深，掌後使捶是為真。
左掌應敵順勢走，右掌變捶勢緊跟。
梢節受制心莫慌，鬆開我勁順勁防。
得機屈肘迎面擊，身正胯鬆敵歸西。

28. 抱頭推山

抱頭推山有奇能，氣轉身旋中軸正。
肘打脛骨在七寸，靠擊胸腰是一瞬。
手臂上旋如抱頭，力由脊發山推走。
上下左右陰陽濟，正腰活胯招式奇。

29. 前後招

和式太極前後招，勢簡勁捷連環套。
引敵急進落空栽，循勢近身靠法高。

虛實分明中軸旋，三門六靠擊敵要。
勢高自合太極理，正隅陰陽吾自曉。

30. 勒馬勢

勒馬勁旋敵落空，右腳虛點待機動。
胯鬆身轉側面分，陰陽變轉肘靠迎。
千斤來力沾著引，烈馬收繮勁走順。
上下相合成一體，何懼來敵力千鈞。

31. 野馬分鬃

野馬分鬃奇數行，足探虛實如履冰。
沾手前行走圓形，肘肩膝胯節節領。
手到步到身要擁，掌心鼓起丹田勁。
虛靜鬆柔妙輕靈，陰陽五行理法明。

32. 玉女穿梭

玉女穿梭手法巧，縱身前躍似虎跳。
白蛇吐信刺喉妙，烏龍盤柱順勢撩。
有進有退陰陽曉，站右進左謂捷要。
身進步迎勢逍遙，正頭領氣是巧要。

33. 跌岔

跌岔下勢走化勁，雙手內合護中庭。
提膝合上擊敵襠，二郎擔山兩臂張。
伸腿仆步把敵傷，身下頭領勁力暢。
身法高低縱橫全，上下相隨意氣揚。

34. 掃蹚腿

掃堂腿法頂要領，進身雙腿虛實明。
身旋腿掃勁要整，擊其下節斷其根。
雙掌護使剛柔濟，隨勢應變意運氣。
屈身豎頸神氣精，如泉湧出反弓勁。

35. 金雞獨立

金雞獨立勢穩健，手臂繞耳轉一圓。
左手上擎勢托天，右手下按如墜山。
明掌易化膝上穿，美女梳頭似天仙。
順勢轉身左右全，兩儀互濟立圓現。

36. 雙震腳

雙震腳法避掃腿，腳有先後連聲雷。
身意放鬆驟一緊，肘下力重有千斤。
猛然分開周身隨，經鬆脈通氣血盈。
震腳發力宜慎用，盲練常用傷骨筋。

37. 單擺腳

秋風掃葉單擺蓮，起腿上擊敵頭面。
陰陽翻轉顛倒顛，順勢採挒隨敵變。
側身橫進截其步，變換虛實肘靠現。
腿起身空何為用，必如龍形不見影。

38. 吊打指襠捶

吊打指襠捶擊陰，腳落身到敵心驚。
左右旋閃連環應，身正胯鬆伏奇兵。
右實還須右側進，應前顧後肘靠迎。
捶法吊打世間少，丹田勁發是真要。

39. 右扎七星

仆步下勢扎七星，鬆胯屈膝上下應。
避其銳勢不丟頂，雙臂滾旋運化靈。
乘虛蹈隙發靠勁，何懼力大進又猛。
高低縱橫身法精，神清頂領因勢行。

40. 回頭看畫

回頭看畫左腿掛，勁走螺旋把敵發。
提膝掛撩腿八法，右拳擊腹敵人怕。
左拳上指六陽首，貼身迫進加肩肘。
出入領落圈走圓，氣沉丹田鬆腰胯。

41. 黃龍攪水

黃龍攪水胯鬆活，身正顧盼後右左。
右臂似龍首尾應，背折靠肘打敵凶。
虛實變換腰腿間，步運身進正隅變。
進步雙龍出水游，撐裹鑽翻敵犯愁。

42. 進步十字手

進步十字擒拿手，翻轉伫臂搬攔肘。
手臂被敵擒拿扣，十字滾臂旋中求。

內丹立圓虛實有，進步進身使敵就。

陰陽知變如水流，相濟莫測神氣游。

43.退步跨虎

退步跨虎敵勁空，雙臂左右活似龍。

上撐下領勁蓄滿，借人之力順勢變。

追風趕月不放鬆，旋胯轉身把敵扔。

身活腰正頂虛領，太極陰陽理義明。

44.搬弓射虎

搬弓射虎背滾圓，搬攔肘靠技法全。

兩臂滾旋斜立圈，鬆胯落襠氣沉田。

扣弦搭箭弓張滿，前射猛虎顧後邊。

中正輕靈勁曲蓄，久練功成非等閑。

45.收勢

靜心收勢守真元，天人合一道自然。

太極陰陽貴在變，此消彼長宗一圓。

如環無端往復轉，開合動靜法無偏。

修身養性意延年，得傳久練返先天。

第三節　關於圖解的幾點說明

1.為了便於讀者研習，演練者設定為面南背北而立，即面向讀者為南，背向讀者為北，面向讀者右面為東，面向讀者左面為西。讀者練習純熟後，可根據具體情況而選定場地

及方向練習。

2. 圖中所有帶有虛線的箭頭表示左手、左腳由本勢過渡到下一勢的運動趨向，帶有實線的箭頭表示右手、右腳由本勢過渡到下一勢的運動趨向。圖片是平面的，走架是立體的，手、足的起、行、止，圖示如有不到位之處，以文字說明為準。

3. 和式太極拳走架時要求周身協調，上下相隨，一動無不動。但在文字解說時必有先後，在每個動作中各部位要同時運動，不撇不停，著勢之間的連接要注意勁斷意不斷。

4. 和式太極拳技法上尚勁不尚著法，講究圓活自然，挨到何處何處擊。但太極拳是透過著法練勁路，由著熟漸悟懂勁。因此，本書對每一拳勢的基本用法都作了闡述，以便利讀者練習時使著勢動作準確到位，不致偏離規矩。和式太極拳又為三合一的拳架，故在說明用法時分推手與散手，分別講解，供讀者研習。

5. 與前面重複的拳勢，仍列出圖片，便於讀者學習。重複動作的說明及用法可參閱前面相同的拳勢，不再重複。

6. 本章的拳勢圖照，是作者的近照。

第四節　和式太極拳七十二式動作圖解

起　勢

1. 兩腿距與肩同寬，兩腳踏地，成平行步型；下頦微內收，閉口叩齒，舌尖輕抵上腭（上牙根處），頭頂百會穴微上頂，似有線上牽之意，使頸項豎直，謂虛領頂勁。含胸拔

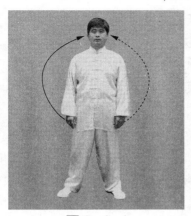

圖 3－4－1

圖 3－4－2

背，正腰落胯，提肛裹臀，收
腹吊襠，自然腹式呼吸，靜心
凝神，物我兩忘，全身透空。
兩手自然垂放於胯窩處，肘、
膝關節放鬆微屈；面南。兩眼
平視，目光不著意落於周圍某
物上（圖 3-4-1）。此勢也即
太極站樁功的姿勢。

　　2.兩手同時向身體外側匀
速上抬畫弧，手指向上，與頭
同高，再同時向身體中線合

圖 3－4－3

（圖 3-4-2），至面前再自然落下，兩臂復原位；腳成右實
左虛（圖 3-4-3）。

　　【說明】：

　　①練習時要鬆身凝神，自然而然。呼吸即陰陽，呼則自

然落得下，吸則自然提得起。身體虛靈活潑，意欲騰挪。開合呼吸，內氣隨機自腳底湧泉上行脊背，過大椎至頭頂百會穴，下行沉入丹田，進而落於湧泉，形成大小周天。此全在內不在外，一片神行，絲毫無練拳之象。所謂太極拳在內不在外，望學者細心揣摩。

②兩臂上行，肘高不過肩，忌低頭彎腰。意念活潑自然，在似有似無之間。

以上要領也是和式太極拳的基本要求，以下各勢均要求做到，不再贅述。

起勢作為太極樁功可單練，也可以反覆練習。對治療高血壓、頭脹痛、頸椎不適、氣滯胃脘、食慾差、大便不暢等都有較好的保健和治療作用。

【用法】：

①對方用雙手握拿我雙手腕，我兩手由外向內滾纏對方手臂化解其拿時，順勢用掌或肘、肩擊其胸、腹。

②對方雙手迎面向我推撞或迎面摟抱，我則兩臂黏住對方兩臂，鬆胯側轉，使對方勁力落空前跌。

【歌訣】：

> 起勢中正周身鬆，腳與肩寬距均衡。
> 納吐自然元氣增，延年益壽太極功。
> 靜中觸動陰陽現，立如秤準頂頭懸。
> 身軸微轉四象動，前後左右敵栽空。

第一式　金剛三大對

1. 左腳向左前與身體中線前方成 45°夾角方向上步成左弓步；同時，兩手向左前方右擺掤起，兩手左前右後成側立

圖 3-4-4

圖 3-4-5

掌。面南，眼平視（圖 3-4-
4）。

2. 右胯鬆沉，重心移右
腿；以腳跟為軸，左腳尖向右
後擺，右腳尖向右外擺，與腿
和身成順勢，右弓步；同時，
身體右轉；右手隨之向右後畫
一弧線，左手向右下畫一圓
弧，兩手成側立掌。面向西南
（圖 3-4-5）。

圖 3-4-6

3. 左胯鬆沉，重心前移左
腿（圖 3-4-6）；右腿提膝跟步，身體左轉；同時，左手向
左上領，右掌向前按，成側立掌置於胸前（圖 3-4-7）。

4. 右腳落地變實，兩腿與身體協調變換成左實右虛步；
同時，兩手在身前隨重心變換，右手向前上再向內、向下畫

圖 3-4-7　　　　　　　　　圖 3-4-8

一圓弧變拳置於臍上；左手向左、向下畫一圓弧，左掌內
旋，掌心向上，置於臍下，距腹寸許。面南（圖 3-4-8）。

【說明】：

「金剛三大對」為和式太極拳精要拳勢。遵循三直、四
順、六合等要領，在運動過程中，身體重心轉換至某一側，
則必須做到手、肘、肩與腳、膝、胯外三合，不貪不欠，無
過不及。頭部正直自然，沉肩墜肘，吊襠鬆胯。「金剛三大
對」一勢較為明顯地表現了十三式與十三法。

十三式即圓、上下、進退、開合、出入、領落、迎抵。
運行中身體各部位形成不同的圓或圓弧，左右上下對稱協
調。

十三法為掤、捋、擠、按、採、挒、肘、靠、進、退、
顧、盼、定。它是在運動過程中陰陽轉換時形成的不同技擊
方法及勁法，非固定之勢。

【用法】：

①在推手時對方出右手、右腳（俗稱擺門），我則右手接其右手，左手接右肘，左腳上步置對方右腳外側，聽勁而動（俗稱叫門）。

在散手中，對方右腳上步，用右掌或拳向我面部或胸部擊打，我雙手接其手、肘，同時左肘屈肘擊敵肋部，並可用左腳進步控制對方右腳，若對方欲退，我則兩手上掤右捋，使對方側倒於地。

②在推手時，對方用右手、肘、肩三節齊攻，我則右胯鬆沉，腰軸右轉，兩手黏隨對方右臂向右後捋，使對方來力落空倒地。

在散手中，對方從右後側近身襲我，我右胯鬆沉，以右肩、肘擊之。推手之法適用散手。

③在推手時，對方來力落空欲退，我黏隨對方，並用左手及前臂擠擊，對方側身或後坐走化來力，我則順勢雙手合力按擊。

在散手中，對方以拳或腳擊我落空欲抽回時，我則順勢以左手控制對方，鬆胯轉身，右掌與左掌形成合力擊打對方。

④在推手時，兩手反方向走立圓，形成相向之合力，可形成搬攔、採拿、戳點等技法，得機可用。散手用法同。

【歌訣】：

　　金剛陰陽圓中變，十三式法神妙現。

　　上下四肢合身法，背絲纏絲走螺旋。

　　接引化發順中求，圓活緊湊陰陽就。

　　錯綜奇偶柔裹剛，周身內外中氣暢。

圖 3－4－9　　　　　　　　圖 3－4－10

第二式　懶扎衣

1.腿變左虛右實；同時，右拳變掌，向上抬至與鼻同高時向右，左掌向左上，掌心相對如抱球狀，各畫一圓弧（圖3-4-9）

2.左胯鬆沉，左腳向左側進步，右腳跟步成右虛步；同時，左掌向外上畫一圓弧，左肘向外上旋，肘與掌如槓杆狀；右掌隨左掌一起向左側擠按；左掌成反掌，指尖斜向下，右掌指尖斜向前上，與小腹同高。面南（圖3-4-10）

3.右腳向右側開步成右弓步；同時，左掌內旋，向內放於左側骨盆上緣，拇指向前，其餘四指向後下，虎口卡腰，肘尖稍內扣；右掌向右上，順時針方向外旋畫弧。眼平視，面南（圖3-4-11）。

【說明】：

懶扎衣定勢，右臂成弧形，左手卡腰，右弓步，形似茶

壺狀。翻掌兩手如抱球，球不能抱丟，鬆肩轉肘，腰脊中正，兩儀陰陽分明，落腳根基要穩。正如和兆元宗師說：「膛中分峙如劍閣，頭上中峰似璇璣。」

圖 3-4-11

【用法】：

①在推手時，我右手接對方右手引化，對方以右肘擊我，我左手順勢向順時針方向裹纏走化並兩掌合力擠按對方。

在散手中，我右手上旋接對方右手，左手接其右肘，合力向右側捌按。發力時腿要有虛實變換，可進步進身。右手上旋掤對方手臂的同時，可用左手擊其胸或面部。

②在推手時，對方裹纏我右臂，我順勢進肘擊之。對方向上搬攔化我肘擊，我順其勁上抬走化，同時掌向下翻旋按之。

在散手中，我右肘擊敵被攔截，則迅速鬆肩走肘，以掌下旋擊之或用肩靠擊。同時進步進身，增大打擊力量。

③在推手時，對方将我左臂，我順勢進步擠按對方。

在散手中，對方右手或左手打來，我右手上掤走化來力，同時右腳進步插襠，身軸右轉，以肘靠擊敵胸、腹。

【歌訣】：

懶扎衣勢臂滾旋，分筋錯骨陰陽變。

勁出渾圓手腳到，順身順腿根基要。

圖 3-4-12　　　　　　　　圖 3-4-13

八面支撐神意行，活胯鬆腰意氣靈。
千變萬化由我運，八卦五行尋剋生。

第三式　如封似閉

1. 右腳撤步，腳尖著地成右虛步；同時，右手後收，左手向前，面向西（圖 3-4-12）。右腳向前上步，左腳跟步成左虛步；同時，兩手向兩側分開，再向上、向前合出，面西南（圖 3-4-13）。右腳變右虛步，身體微右轉；同時，右手向下內旋，自然置於右胯前，左手向右上側立，置於胸前。面向西南（圖 3-4-14）。

2. 右腳向右側上步，左腳跟步，起身左轉；同時，左手向上、向右滾旋畫弧，置於面前成側立掌；右手向上、向前畫弧。面向南（圖 3-4-15）

【說明】：

動作 1 也叫開合，勢簡易學，又具攻防之用，很多著勢

圖 3－4－14　　　　　　圖 3－4－15

之間用開合銜接。開則形與意俱開，引進來則有落空之妙，合則過不及，正腰落胯，手腳相隨，周身協調。

【用法】：

①在推手時，對方雙手搭我右臂擠按，我右胯鬆沉，身體右轉，右手向右下引化來力，對方落空欲退，順其勢捌按擊之。

在散手中，對方在右側用拳擊打或雙手推按，我右手搭黏其手腕，鬆胯轉腰，右腳進步，三節齊進相機擊之。

若敵用腳向我踢蹬，我右手搭其踝關節向右下引化，同時右腳進催步整力擊之。

②在推手時，對手從左側送出我手，右手擠按我左肘，我則左手搭其左手，左肘沾接右手，順勢引化，右手搭其左臂向外、向下裏纏，同時鬆胯，身體左轉。

在散手中，我側身進右步，以手、肘擊敵，對方走化，我則順勢鬆胯變右虛步，腰軸左轉，同時搭其左手上領，右

圖 3－4－16

圖 3－4－17

手向下纏其左臂，用挒採捌合勁擊之。

【歌訣】：

如封似閉環中鬆，吃啥還啥退為攻。

一開一合妙無窮，陰陽二氣隨機生。

開則俱開勁落空，合則正隅因勢攻。

識得太極開合妙，神意一動虛靈中。

第四式　單鞭

1.右腳向右側上步，左腳跟步，屈膝吊襠，左腳前掌著地成左虛步；同時，右掌外旋，向右下畫弧，右肘向右上翻旋，掌與肘成槓杆之狀；左掌向下、向右經腹前畫弧，置於右腹前（圖3-4-16）

2.左腳向左側上步成左弓步；同時，右手變勾向右上；左手向上、向左畫弧成側立掌。面南（3-4-17）。

【說明】：

正腰落胯，鬆肩墜肘。兩臂將展未展，似曲非曲，似鞭似蛇。外三合，氣沉丹田。

【用法】：

①在推手時，對方裹纏採拿我右臂，我右肘順其勢翻旋使其來力落空的同時，可用勾尖點擊。

或我捋對方左臂，對方順勢用肘擊我時，右掌變勾手向外勾帶，左掌順勢按擊其胸、腹。

在散手中，對方揮拳從左或右側擊打我頭部，我右臂自上向下搭其手臂，鬆胯轉身向右下勾帶其手臂，右掌翻旋變勾點擊其心窩，同時左掌合力擊之。

②在推手時，對方在左側裹纏我左臂捆封擠按，我則鬆左胯，左手向上、向左滾旋走化，同時左腳進步，以肘肩擊之。

在散手中，對方揮拳擊我，我左手向上掤其手臂，同時左腳進步，左肘擊其心窩。或左手引化的同時，左腳進步進身，使其失重而跌出。

【歌訣】：

單鞭一勢最為雄，一字長蛇橫西東。

擊首尾動精神貫，擊尾首動脈絡通。

當中一擊首尾動，上下四傍扣如弓。

若問此中真消息，須尋脊背骨節中。

第五式　領落上金剛

1.兩胯鬆沉，身左轉；同時，右勾手變掌，向下收到腹前；左手內旋，向下畫弧（圖3-4-18）。

圖 3-4-18　　　　　　　圖 3-4-19

2. 重心移右腿成右弓步；同時，右掌向左經胸前向上、向右順時針方向畫圓；左掌向右經胸前下落、向左滾旋逆時針方向畫圓。面向南（圖 3-4-19）。

其餘與「金剛三大對」動作相同。惟面向東（圖 3-4-20、圖 3-4-21）。

【說明】：

「領落上金剛」成勢後面向東，亦稱「金剛斜勢」。著勢運行時鬆胯吊襠，支撐八面。定勢沉肘伏肋，氣沉丹田。動作 1 有領有落，錯落有致，俗稱「老虎大張口」。

【用法】：

在推手時，對方搭我右手、右肘推按，我鬆胯旋臂走化，右掌翻掌外旋採按。或右掌隨肘滾旋走化，同時用肩靠擊其胸部。對方若從左側擠按我左臂，我向內、向下引化，使其被動而擊之。

在散手中，對方從右側揮右拳擊我，我右掌向上掤，腰

圖 3－4－20

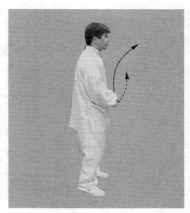

圖 3－4－21

軸右轉，用右掌向外牽引，左掌合力捋按擊之。

　　對方從左側用左拳擊我，我左掌黏其手臂向左下引化，右掌合力順勢捌按擊之。

　　對方從正面進攻，我則左右相合，黏接引化，避實擊虛，順其勢借力而擊之。

　　【歌訣】：

　　　　兩儀領落上金剛，左右遇襲心莫慌。

　　　　右掤左按擊敵出，正隅一變柔裏剛。

　　　　上下內外貫一氣，氣源丹田上下遞。

　　　　周身渾圓勁力暢，十三式法勢中藏。

第六式　白鶴亮翅

　　1.腳變左虛步，屈膝圓襠；同時，右拳變掌，向上經面前向右前滾旋畫弧；左掌向外上畫弧，置於胸前，掌心斜相對側立。面向東北，眼平視（圖3-4-22）。

圖 3-4-22　　　　　　　圖 3-4-23

2.左腳向左後退步變實；右腳向後跟步，腳前掌著地成
右虛步；身體微左轉；同時，右臂自然下落置於小腹前；左
臂隨右臂下落再向左上。面向東北（圖 3-4-23、圖 3-4-23
附圖）。

3. 右腳向右前上步變實；左腳跟步成左虛步；身體右
轉；同時，兩臂順時針方向向上、向右經面前外旋畫圓，兩
掌右高左低成側立掌。面向東（圖 3-4-24）。

【說明】：

肩部放鬆肘尖墜，兩臂掄圓，有仙鶴展翅之姿，故名。
此勢亦稱「門前掃雪」。步與手要協調配合，鬆胯圓襠，身
正軸轉，欲進步必虛蓄，欲退步必虛靈，退有引進落空之
意，進則以不見形為妙。

【用法】：

①在推手時，對方接我右手、右肘推按，我則右臂上旋
引化，左手搭其右肘向右前捋按。

圖 3-4-23 附圖　　　　　　　　圖 3-4-24

在散手中，對方揮右拳打來，我則右手上旋掤接，左手接其右肘並屈肘擊其右肋。或右手上旋接其手腕順勢引化，左手裹纏採挒其右臂。

②在推手時，對方右手接我右手，左手接我右肘進步推按，我則兩臂放鬆，左腳向後卸步化力，並順勢捋之。

在散手中，對方從右側進步用拳擊我，我則搭其手肘向左下捋之。若來力過大過猛，同時左腳撤步化力；對方從右側擊我，我則左腳後退，同時用右腳踢蹬之。

③在推手時，我右手搭其右手，左手接其右肘，擠按對方，若走化我則順勢挒之。

在散手中，對方右拳擊我，我則兩手接其手、肘，右腳進步套其腳，鬆胯轉身，手、身、步協調相合整力擊之，使其側後跌出。以上動作可連用。對方落空欲退，我則順勢進步擊之。

【歌訣】：

圖 3－4－25

圖 3－4－26

白鶴欲飛先亮翅，遇敵急進成捋勢。
退時顧盼奇正變，身手欲動勁內換。
隨勢就勢不丟頂，束翅側上發丹田。
旋臂掄圓喻鶴翔，細研鶴舞益延年。

第七式　斜行

1. 右胯鬆沉，右腿屈膝下蹲；左腿向左前上步；同時，左手腕搭右手腕上，兩手交叉成十字狀（圖3-4-25）。兩手向下摟於右膝前，左手在右膝內側，右手在右膝外側。面向東南（圖3-4-26）。

2. 重心移左腿，成左弓步；起身左轉；同時，左掌在右膝前隨身體向左滾旋置於左膝外側；右掌內旋置於右膝外。面向東南（圖3-4-27）。

3. 左胯鬆沉後收；同時，兩掌向上、向身體中線匯合至面前（圖3-4-28），左手變勾手下落，向後置於環跳穴

圖 3－4－27

圖 3－4－28

處，勾尖向外；右掌與身體協
調一致外旋，略向前成側立
掌。面向東（圖3-4-29）。

【說明】：

此式由十字手、摟膝、斜
行組成。斜行身不斜，腰脊中
正。摟膝要鬆胯吊襠，手臂自
然滾旋，勁走螺旋。

【用法】：

①在推手時，對方右手採

圖 3－4－29

拿我右腕，左手裹纏我右肘，
我則以左手按壓其右手指，右掌上旋扣其右腕，右肘內旋，
左手與右手形成合力向外旋壓反其腕關節。反關節制人凶
險，用時要慎重。

在散手中，若對方拿我右腕即可用之。

②在推手時，對方左手接我左手，右手接我左肘，合力擠按，我則鬆左肩，肘內收引化，同時左腿向左上步套其雙腳。對方落空欲退，我則身體左旋，以肩、肘擊之。

在散手中，對方從左側以拳或腿擊我，我則左臂掤接引化的同時進步套腿。腰軸左轉，勁走螺旋，以肩、肘靠擊其胸、腹。

③在推手時，我右手接其右手，左手接其右肘，左手勾帶其右臂引化，右手前按擊之。

在散手中，對方揮拳擊我，我左手勾掛其手腕向左外引化，右手擊點其胸、腹或面前。或對方從身後摟抱我，我左手變勾，向後點擊其襠部或小腹部。

【歌訣】：

斜行換步身要正，隨勢套腿橫旋行。

內裹外纏敵難脫，因勢側分腿虛靈。

屈蓄鬆轉螺旋勁，奇正虛實理要明。

三門肘靠涵其中，左勾右擊剛柔用。

第八式　琵琶勢

1. 右胯鬆沉內收，重心移右腿，身體微右轉；同時，右掌內旋，向左上畫弧；左手變掌向右上，成接手接肘式，又稱托槍式。面向東（圖3-4-30）。

2. 重心移右腿成左虛步，身體微左轉；同時，右掌向下、再向左畫弧屈置腹前；左掌向上內旋。面向東北（圖3-4-31）。

3. 右腿向右後退一步變實，屈膝下蹲；左腳隨著退步，腳前掌著地成左虛步；同時，左掌內旋至掌心向內變勾手，

圖3-4-30　　　　　　　　　　圖3-4-31

再向內、向下順時針方向畫
圓，勾尖向外置於左膝上方；
右掌內旋內置胸前。面向東北
（圖3-4-32）。

圖3-4-32

【說明】：

　　兩掌相向內合的動作（又
稱合掌擠）也可用開合銜接。
合掌左手上右手下似彈撥琵琶
之姿，左手內旋畫圓似手揮琵
琶之狀，故又名手揮琵琶。左
右上下配合一致，身體中正，不貪不欠。

【用法】：

　　①在推手時，我右手接其右手，左手接右肘，鬆胯轉
身，向右後捋化其勁。

　　在散手中，捋化時可採挒合勁制之。

②在推手時，對方右臂擠我，我右手翻掌截其右手，左手接其右肘，合力擠按。

在散手中，對方用掌或拳迎面擊我，我接其手肘，合掌採其手腕，同時鬆胯轉身周身合力，右前臂貼其胸、腹而發，使其向後仰躍。

③在推手時，對方左手接我左手，右手接我左肘，順勢捋化並採我左腕擠壓，我左手順其勢向內、向下變勾走化，同時左肘上提與掌形成合力化其採勁。

在散手中，化解對方勁力的同時，用左肩、肘、勾尖連環擊打對方胸、腹。對方從右後用拳擊我，我則右腳後退插襠，右肩、肘向後靠擊對方胸、腹部。

【歌訣】：

> 手揮琵琶韻律妙，左右化擊用勢巧。
> 陰陽翻轉五行變，上下相隨生尅現。
> 虛實分明步法活，八門勁法敵難脫。
> 不丟不頂妙中玄，腰脊正直中軸旋。

第九式　躍步斜行

1. 左腳向左前上步成左弓步，身體正轉；同時，左手由勾變掌，自左腿內側繞左膝外旋畫弧置於左膝外側；右掌由胸前向左下翻旋，掌心斜向下。面向東北（圖3-4-33）。

2. 右腳提起向左經小腿前落於左腳前側，腳尖右擺，全腳落地變實，鬆胯屈膝，成蓋步；同時，左掌向右上抬；右掌內旋向左。面向東北（圖3-4-34）。

3. 左腿向左前上一步，右腿屈膝，身體右轉；同時，左掌向右下置右手腕上成十字手，落於右膝前。面向東南（圖

圖 3－4－33

圖 3－4－34

圖 3－4－35

圖 3－4－36

3-4-35）。

　　以下同第七式「斜行」（圖 3-4-36、圖 3-4-37、圖 3-4-38）。

圖 3－4－37　　　　　　　　圖 3－4－38

【說明】：

此式由左摟膝、上步十字手、右摟膝、斜行組合而成。動作 2 右腳提起時左腿可躍起，兩腳騰空成蓋躍步，故稱「躍步斜行」。左掌在上，右掌在中，右腳在下，成上中下一線，稱一打三節。走架時應注意側身進步，上下左右無散亂。

【用法】：

①在推手時，對方左手接我左手，右手接我左肘，裹纏採拿我左胳膊，我鬆肩沉肘內旋，進左步套對方雙腳，身體左轉並向左橫分靠擊對方。

在散手中，對方從左前側用拳或腳擊我，我左臂向外掤接引化，左腳插襠或套腿，右掌按擊其胸部或面部。

②其餘動作的用法同斜行。

【歌訣】：

躍步斜行摟膝功，中軸一轉靠勢凶。

圖 3-4-39　　　　　　　圖 3-4-40

十字翻滾有奇能，腿起足落斷其根。
上下相隨擊三節，回旋樞軸涵乾坤。
肘手藏鋒借勢變，一氣統領頂頭懸。

第十式　轉身琵琶勢

1. 同第八式琵琶勢動作
1、2（圖 3-4-39、圖 3-4-
40）。

2. 右腳向左後撤步變
實；左腳以腳跟為軸，腳尖
右擺，左腳後收成左虛步；
身體右轉；同時，左掌內旋
至掌心向內；右掌內旋向下
（圖 3-4-41），左掌變
勾，向內、再向下外旋，勾

圖 3-4-41

圖 3－4－42

圖 3－4－43

尖向外置於左膝上方；右掌內旋屈置胸前。面向南（圖 3－4－42）。

　　【說明】：

　　此式同第八式琵琶勢，惟加轉身。轉身時自然放鬆，身轉步換，協調一致。

第十一式　摟膝躍步

　　1. 與第九式動作 1、2 相同，惟面向西南（圖 3－4－43、圖 3－4－44）。

圖 3－4－44

　　2. 右腳蓋步落在左腳前變實；左腳向前上步成左虛步；身體右轉；同時，左掌向下落至右腕上，兩手交叉成十字手（圖 3-4-45）。左腳向左前進步成左弓步；兩手向下旋摟

圖 3－4－45

圖 3－4－46

右膝，左手向左畫弧置於左膝外上側；右掌向右畫弧置於右膝外側。面向西南（圖3-4-46）。

3.右腳向前上步，落在左腳內側；身體左轉；同時，兩手由兩側向上、向內畫弧，經胸前左手落於肚臍下，掌心向上；右掌變拳，落於肚臍上方，拳眼向上。面向南（圖3-4-47）。

圖 3－4－47

【說明】：

摟膝躍步由左摟膝、上步十字手、右摟膝、收金剛組成。此式又稱「華山坡上金剛」。運行中要沉肩墜肘氣沉下，身轉步隨手相合，屈膝吊襠腰脊正，束肋自然周身鬆。

【用法】：

同第九式。此式進法、靠法較突出，細心領悟。

第十二式　伏虎

1. 左腳向左開步；身體下落；同時，兩臂上抬，右拳變掌，手指向上與喉高，兩掌變拳，拳心向內（圖3-4-48）；手臂向內、向下翻旋落至兩膝內側。面向南（圖3-4-49）。

圖3-4-48

此動作名「束手解帶」。

2. 兩腳以腳跟為軸，腳尖右擺成右弓步；身體長起右轉；同時，兩拳變掌，繞膝至兩膝外側，右掌變拳，向後、向上畫弧，拳與太陽穴同高；左拳向左、向上，再向後畫弧，置於左後軟肋下，拳心向外，肘尖向前內扣，左肘尖、左腳尖與右拳

圖3-4-49

成一線。面向南（圖3-4-50、圖3-4-51）。

【說明】：

此式以束手解帶、伏虎組成。非周身放鬆、陰陽分明、上下相隨、內外合一而不能領略個中三昧，技法隨敵

圖 3－4－50

圖 3－4－51

勢變化莫測。

【用法】：

①推手時，對方從背後摟抱我雙臂和身體，我鬆胯蓄身，兩腳變換虛實，用左或右腳跟踩其腳面。或我兩臂上掤，身體蓄沉解其摟抱，再因勢而擊之。兩臂上掤時，兩手扣敵雙腕，防其向上滑脫鎖我喉頸。

②我解其摟抱時，兩手扣敵手腕，含胸長身，用臀部擊其小腹，並鬆右胯身右側轉，使敵從右前跌出。或解其摟抱後鬆胯轉身，以右肘向後擊其右肋。

在散手中的用法同推手。

【歌訣】：

伏虎降龍一氣成，何懼身後敵頑凶。

背後敵抱神鎮定，臂領氣沉十字封。

長身脊背有奇功，陰陽虛實腰胯鬆。

上下和諧立圓動，左右旋閃肘捶攻。

圖 3－4－52　　　　　　　　　圖 3－4－53

第十三式　指襠捶

　　1.左腳跟步變實，左腳以腳跟為軸，腳尖右擺；右腳後收半步成虛步；身體下落；同時，右拳變掌向下，左拳變掌，由身後經胸前向右側畫弧（圖 3-4-52）。上動不停。右掌變拳，向內畫弧至胸前；左掌變拳，向前下繞右拳畫弧。面向西（圖 3-4-53）。

　　2.右腳向前上步，下蹲變實；左腳跟步，腳前掌著地變左虛步；身體左轉；同時，左拳向後上收至腹前；右拳外旋，向下置於右膝下。面向西南（圖 3-4-54）。

圖 3－4－54

【說明】：

此式由擒拿、指襠捶組成。此式以右拳指打對方襠部而得名。兩手繞轉進退有致，故又名串捶、金絲纏插。指陰捶、指因捶、指地捶、指金捶皆為音誤。

【用法】：

①在推手時，對方右手握我右腕，左手接我右肘，我迅速以左拳貼壓其右手腕防其滑脫，並向下用力，右拳與右肘向外滾翻與左拳合力反其腕關節。對方左手握我右手用法同，惟方向相反。此招凶險，謹慎用之。

在散手中，右掌向下既可擊敵，又是反擒拿技法。對方用右手或左手握我右腕上托，我鬆肩墜肘，右掌順勢下壓，解其擒拿並順勢擊之。用時周身協調配合，聽勁要準，因勢制敵。

②在推手時，對方右手接我右手，左手接我右肘，順勢向下捋我右臂，我則順勢右腳進步插襠，以解危局。

在散手中，對方順勢下捋我右臂或格擋下壓引化我右臂之力，我則順勢進步插襠，使其身體失衡，並以肩肘擊其胸、腹。

【歌訣】：

> 指襠捶勢手法稀，分筋錯骨示神奇。
> 搭手翻轉陰陽變，破解擒拿非等閑。
> 步進身到勁要整，拳肘滾旋連珠成。
> 旋胯軸轉靠勁崩，步活身正破敵門。

第十四式　肘底看捶

左胯鬆沉後收，以右腳跟為軸，腳尖左擺；左腳以腳前

圖 3-4-55

圖 3-4-56

掌為支點，腳跟內擺，成左虛步；身體左轉；同時，左肘內旋，左拳外旋向上，與鼻同高，拳面向上；右拳隨身向左上擺經腹前，置於左肘尖下，拳眼向上；左拳、左肘、右拳、左膝上下成一線。面向東（圖 3-4-55）。

【說明】：

肘底看捶又名肘底藏拳，因右拳置左肘下而得名。鬆肩墜肘，腰脊中正，身轉足抹，身有起落，處處有陰陽轉換，勁成螺旋，勢要支撐八面。

【用法】：

在推手時，對方左手接我左手，右手擠按我左肘，我左臂內旋，上領走化對方來勁，身體左轉，右拳擺擊對方。

在散手中，對方從左側揮拳擊我，我則身體左轉走化來力，左拳上沖擊打對方面部。或對方左直拳擊我，我左臂上旋身體左轉掤接走化，以右拳擊敵胸、腹或面部。

【歌訣】：

圖 3－4－57

圖 3－4－58

肘底藏拳護中鋒，迎面捶來敵撲空。

靈動寓變陰陽理，上下相合渾圓功。

敵進胯旋右捶擊，正隅變轉太極理。

莫道一捶一肘用，渾圓緊湊顯內功。

第十五式　倒攆猴

1.重心移左腿；右腿屈膝，腳跟向後上挑，再向右後退步成左弓步；身體右轉；同時，左拳變掌內旋，向右後再向上經胸前向下畫一立圓置於小腹前，右拳變掌外旋，經腹前落於左膝外側。面向東，眼平視（圖3-4-56）。

2.重心後移右腿；左腳後收。左腿屈膝，腳跟向後上再向左後退步成右弓步；身向左轉；同時，左掌內旋，向左後再向上置於胸前；右掌內旋，向下落於右胯前（圖3-4-57）。上動不停。左掌下旋，畫一圓弧置於小腹前；右手向後上再向前畫一立圓。面向東北，眼平視（圖3-4-58）。

【說明】：

身體左右往復循環，輕靈敏捷，此式因形象會意而名。行拳身如坐轎之狀，身體中正，胯鬆身活，鬆肩墜肘，旋臂自然。如場地允許，可連續反覆練習。

【用法】：

在推手時，對方右手將我右手送出後用右手接我左肘，左手擠按；我則左手黏引其左手，右手向內、向下裹纏其左臂，右腳跟向後上撩其小腿以斷其根，上下合力使對方仆倒。

在散手中，對方出左拳向我右側面部擊來，我左手黏接其左拳，鬆胯轉身引化來力，同時，右腳插其左腳內側，手腳並用，採其手臂向左下捋按擊之。

左邊與右邊用法同，惟左右相反。

【歌訣】：

防攻攻防倒攆猴，退中有進退也攻。

太極妙在陰陽濟，經脈氣血自順通。

上下相合兩儀動，左右立圓顧盼中。

沉肩墜肘鬆腰胯，精氣內動法歸宗。

第十六式　白鶴亮翅

左胯鬆沉，重心後移左腿；右腳向後收，腳前掌著地成虛步；同時，右掌內旋向左下；左掌內旋向左上畫弧。面向東北（圖3-4-59）。

其餘動作同第六式「白鶴亮翅」（圖3-4-60）。

【說明】：

要領與用法同第六式。

圖 3－4－59

圖 3－4－60

圖 3－4－61

圖 3－4－62

第十七式　斜行

同第七式「斜行」（圖 3-4-61、圖 3-4-62）。

圖 3－4－63

圖 3－4－64

第十八式　海底針

1. 左胯鬆沉，重心移左腿；右腳後收半步，腳前掌著地成虛步；身體右轉；同時，右臂向右下畫弧；左手從左後由勾變掌向右上畫弧。面向南（圖3-4-63）。

圖 3－4－65

2. 右腳尖內擺，向左前上步；左腳跟步成左虛步；身體左轉；同時，右臂外旋，置於小腹前，掌心向外成反掌；左掌內收置胸前。面向東（圖3-4-64）。

3. 屈膝鬆胯，身體下落；同時，右肘內旋，右掌向上經胸前再向前畫弧；左手向下外旋，變勾再向後上畫弧，勾尖向上。面向東（圖3-4-65）。

【說明】：

動作 1、2 也稱開合，與第五式開合有所不同。此式突出左右旋轉及右肩靠擊。左手向後上以勾尖點擊對方海底穴而名。海底針前後臂成一個整體，前後如槓杆，身體為支點。

【用法】：

①在推手時，對方右手接我右手，左手接我右肘，上步擠按，我則右臂沉肘引化，左手搭其右肘向右下将，同時右腳撤步，形成整體勁。

在散手中，對方揮右拳迎面擊來，我右手向上掤接其右腕，左掌接其右肘，同時卸右步，身右轉，與雙手形成合力向右下将按。

②在推手時，我右手送其右手，左手搭其右肘擠按對方，對方順勢走化，我則順其勢右肩進靠。

在散手中，對方右拳擊我，我左臂黏接其右拳並纏壓，鬆胯轉身引化其力，同時用右肩靠擊其胸部。

對方從後方襲擊，我左腳後退插襠，左手上托其襠，左腿屈膝下蹲，胯窩後收，並以臀部擊其小腹。

【歌訣】：

海底探針左手撮，旋胯身轉上下合。

反掌肘靠擊敵用，開合有致一氣領。

右臂上翻左掌下，力劈華山迎面打。

手護身進步輕靈，渾圓一體自然勁。

第十九式　閃通背

1.重心移右腿；右腳以腳跟為軸，腳尖右擺；左腳向左

圖 3-4-66

圖 3-4-67

前上一步成左弓步；身體長起
右轉；同時，右手經胸前向
上、向左前畫弧；左勾手變
掌，隨左腳上步向前上畫弧，
成接手勢，也稱托槍勢。面向
東南（圖3-4-66）。

2. 左胯鬆沉，右胯窩後
收；以左腳跟為軸，腳尖右
擺；右腳向右後邁一步，成右
弓步；身體右轉180°；同時，
右掌外旋，向右下再向上畫
弧；左掌外旋，向右置胸前。
面向西北（圖3-4-67）。

圖 3-4-68

3. 左胯鬆沉，左腳以腳跟為軸，腳尖右擺；右腳向左前
上步；左腳跟步成左虛步；身體左轉；同時，兩掌向上、向

左逆時針方向畫弧。面向南（圖3-4-68）。

【說明】：

閃通背以形象會意而得名，和兆元宗師曰：「力由脊發，膂力無限。」意在勁發脊背，通達勁整。閃則為動作形象而名。扇通背為音誤。運行時鬆胯圓襠，身體中正，步隨身換，手與身合，協調一致，兩手形成合力。運動中整個動作要連貫。

【用法】：

①在推手時，我上左腳。右手接其右手，左手接其左肘，聽勁而動。

在散手中，對方右拳迎面擊來，我右手自下向上掤接對方右臂，左手以掌或拳擊其右肋下部。或右手掤接其右臂，左腳進步，左手接其右肘，左肘屈肘擊其腋下。

②在推手時，我右手接其右手，左手接其右肘，對方進肘，我則雙手合力向右下採挒，同時右腳向右後退步，身右轉，與雙手形成合力，向右前將對方發出。

在散手中，對方右拳迎面擊來，我右手黏接其腕翻掌採拿，左手接其右肘裹纏使其右臂成直，同時右腳卸步身右轉，向右前閃摔。此招凶險，謹慎用之。

③在推手時，左手接其左手，右手接左肘，順勢向左採挒；對方隨勢進步擠按，我右腳向左前進步，身左轉，將對方從左前發出。

在散手中，對方右拳迎面打來，我左掌接左腕，順勢翻掌拿之，右掌接其左肘上托，同時右腳向左前進步，身左轉，將對方向左前擲出。

圖 3-4-69　　　　　　　　圖 3-4-70

【歌訣】：

　　　閃通背法挒勁行，五行生剋隨勢迎。

　　　往返挪步走輕靈，接手閃挒背法驚。

　　　步隨身換須留意，形神內外融一體。

　　　氣沉襠圓轉周天，百脈暢通體鬆輕。

第二十式　如封似閉

同第三式「如封似閉」（圖 3-4-69、圖 3-4-70）。

第二十一式　單鞭

同第四式「單鞭」（圖 3-4-71、圖 3-4-72）。

第二十二式　雲手

　　1. 右胯鬆沉，重心移至右腿成右弓步；同時，右勾手變掌，順時針方向向下、向左畫弧至小腹前（圖 3-4-73），

圖 3－4－71

圖 3－4－72

圖 3－4－73

圖 3－4－74

再向上、向右在身前畫圓；左手逆時針方向向下、向右畫弧
至小腹前。面向南（圖3-4-74）。

　　2.重心移至右腳時，左腳收回成左虛步；身體右轉；同
時，兩手在身前成側立掌（圖3-4-75）。

【說明】：

演練時勻速不間斷。左手
逆時針方向，右手順時針方向
各自在身前畫圓。鬆肩墜肘，
手、身、步相隨配合，如腳步
不順，以腳跟為軸擺動腳尖調
整腳步。手在運行中不可像撥
浪鼓樣翻轉，不能左右扭腰。
身體運動似鐘擺擺動一樣，無
過不及。前輩名師和慶喜在教
授雲手時，讓學生面壁而立，

圖 3-4-75

兩手似挨非挨牆面在牆上畫圓，體會以上要領。雲手守可走
化，進則隨勢擊敵，貴在變化。此式可左右反覆練習，定勢
成右弓步。

【用法】：

在推手時，對方右手接我右手，左手接我右肘，向我擠
按，我則鬆肩沉肘，右胯鬆轉化力，使對方來勁落空的同
時，向右上合力將對方發出。推手中的送手即是雲手手法。

在散手中，對方右拳迎面打來，我右手向上掤接並向右
捋化，左手接其右肘，與右手合力捯之。或右手掤接的同
時，左手變拳擊其右肋部。

左側用法相同，惟左右相反。

【歌訣】：

雲手輕柔如行雲，兩臂畫圓護喉陰。
立如鐘座須平穩，復而又返要均勻。
腰脊隨動虛實變，兩手接應顧盼間。

圖 3－4－76　　　　　　圖 3－4－77

圓活靈捷頂虛領，隨勢進退用奇兵。

第二十三式　高探馬

1. 左腳向左前上步成左弓步；身體右側；同時，左手向上經胸前向右前畫弧，與左肩同高；右手自然落下，置於右胯窩前（圖3-4-76）。

2. 左胯鬆沉，重心後移右腿；左腳撤步成左虛步；身體左轉；同時，左手內旋，向左下畫弧；右手向右上翻旋畫弧，掌心相對如抱球狀。面向南（圖3-4-77）。

【說明】：

高探馬以形象而得名。左手如扶鞍，似探身上馬之形。著勢運行中要虛領頂勁，正腰落胯，左右兩手陰陽變化要圓轉，不犯抽扯，手腳一致。

【用法】：

在推手時，我右手送出對方右手，左手接對方左手，左

前臂搭對方右肘部，上步擠按。在對方順勁走化時，我右手
接對方左肘，兩手合勁向我左前捋按其左臂，並用左腳勾對
方右腳，以斷其根。

在散手中，對方右手迎面打來，右拳或掌。我左腳進步
近身，左臂向外擋其右臂，右手擊對方胸、腹部。或對方左
手迎面打來，我左腳進步套對方雙腳，左手接對方左手，右
手接其左臂，雙手合力向我左前發力，同時左腳上挑與上盤
合力斷其根。

【歌訣】：

> 高探馬勢上下翻，往復折疊捋勁旋。
> 進步迫進生剋現，順勁瞬間變中變。
> 換步五行八卦手，陰陽翻轉顛倒顛。
> 千變中軸法無偏，不丟不頂妙中玄。

第二十四式　左右拍腳

1. 左腳向左（東）上一
步，腳尖向左擺；右腳過左腳
向左前上步成實步；左腳跟
步，前掌著地成左虛步；身體
左轉180°；同時，兩掌變拳，
順時針畫一立圓（圖3-4-
78）。拳與胸同高，右前左
後，拳面向前，拳心向下，左
拳置胸前，右拳不過右腳。面
向北（圖3-4-79）。

2. 鬆腰落胯，重心移左

圖 3-4-78

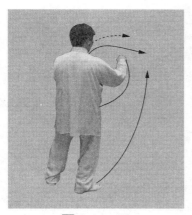

圖 3－4－79

圖 3－4－80

腳；右腳變虛上踢；身體微左
轉；同時，兩拳變掌，再向
下、向左上、向右前順時針方
向畫一立圓，右掌向下拍擊右
腳面，腳宜踢高，掌擊腳面聲
清脆為宜。面向東北（圖 3－
4－80）。

3.右腳下落時，腳尖向右
擺，落地成實步；左腳過右腳
向右前上步成實步；右腳跟
步，前掌著地成虛步；身體右

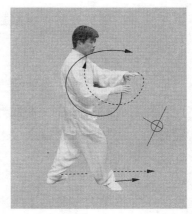

圖 3－4－81

轉 180°；同時，兩掌變拳，逆時針方向畫一立圓，拳與胸
高。面向南（圖 3－4－81、圖 3－4－82）。

4.重心移右腳，左腳上踢；身體右轉；同時，兩拳變
掌，向下、向右、再向前逆時針方向畫一立圓；左掌向下拍

圖 3－4－82　　　　　　　　　圖 3－4－83

擊左腳面，腳宜高踢，掌擊腳面聲清脆為宜。面向東南（圖
3-4-83）。

【說明】：

左右轉身進步，拳與胸同高，故又稱「進步平心捶」。
左右轉身要鬆胯圓襠，虛實分明。身、手、腳協調配合，步
隨身換。起左腳，右腿蓄沉，身體中正，起右腳要領相同。
此式可用於空手奪器械。

【用法】：

①在推手時，我左手送出對方左手後接其右肘，右手採
捋其右腕，左手合力向右側捯捋對方，同時右腳截其左腳使
其跌出。

在散手中，對方從我左側或迎面揮左拳擊來，我左手掤
接其左手，身左轉，進右腳，右手接其左肘向左下捋化，同
時我右臂屈肘擊敵腋下。

對方持槍或其他器械從我左側或迎面刺來，我身向左轉

避讓，並迅速進右腳，兩手合力採捋對方手臂，以右膝或右腳擊打對方身體相應部位。

②在推手時，對方右手接我右手，左手接我右肘，合力擠按，我則鬆肩墜肘向左上引化，以右膝或右腳擊對方軀幹前面相應部位。

在散手中，對方揮拳擊來，我則雙手接手、接肘向外掤化，同時屈膝轉身捋化來力，右腳彈踢對方肋下部位。

對方用槍刺來，我雙手向外掤擋，順其勁向左下捋化，並轉身用右腳或右膝擊敵。

左拍腳與右拍腳用法同，惟左右相反。

【歌訣】：

> 左右拍腳勁走圓，鬆胯氣沉守丹田。
> 催步急行平心拳，縱橫齊攻意氣綿。
> 根穩腳起意騰挪，上下正隅十方全。
> 前若來敵側面迎，身似游龍走螺旋。

第二十五式　旋腳蹬跟

1. 右胯鬆沉，以右腳跟為軸腳尖內擺；左腳向左後落地成虛步；身左轉 90°；同時，兩掌外旋變拳，由外向內合於胸前，拳心向內，拳面相對，面向北（圖 3-4-84、圖 3-4-84 附圖）。

2. 左腿提膝，左腳向左側蹬出，左腳與胯成水平，腳尖向上略內勾；右腿鬆沉屈膝；身體中正不偏；同時，兩拳外旋，如撕拉狀向兩側分開，拳高與肩平，拳面向外，拳心向下。面向北（圖 3-4-85、圖 3-4-85 附圖）。

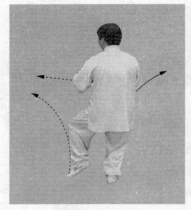

圖 3－4－84

圖 3－4－84 附圖

圖 3－4－85

圖 3－4－85 附圖

【說明】：

　　兩拳內合又稱「雙峰貫耳」。鬆肩蓄身，沉肘伏肋，轉身旋腳與蹬跟連貫無間。轉身時利用左腳下落的慣性配合轉身，既快又穩。兩拳外分有崩彈之勁力。左腳以腳跟蹬出勁

則渾圓。

前輩授拳，為使學生掌握要領，讓鞋底沾上泥土，腳蹬出後，泥土的拋物線為一圓形，落於自己身前。

【用法】：

①在推手時，對方左手接我左手，右手接我左肘進步擠按，我則兩臂鬆沉，身左轉，使對方勁力落空，接著以拳、膝上下擊之。

在散手中，對方從左後側雙手摟抱或用拳擊我，我則身體左轉，兩臂由外向內旋壓對方兩臂，提膝擊其襠、腹部。

②在推手中，對方左手採捋我左腕，右手纏我左肘，我則長身旋臂，用崩彈力發放對方，同時左腳蹬其腹部。

在散手中，對方從左右兩側夾擊，待對方近身時，我以肘、拳猛擊對方相應部位，同時左腳與手臂配合擊打左側之敵的胸、腹部。

【歌訣】：

> 旋腳蹬跟顧身後，分臂走旋似甩袖。
> 雙峰貫耳膝上沖，身正背圓單腿動。
> 引到身前雙臂崩，手腳齊進敵翻騰。
> 蓄發開合奇正變，內丹一動勁路全。

第二十六式　二步三捶

1. 左腳下落時向左上步，重心前移左腿成左弓步；身體左轉45°，同時，左拳隨身體向前外擺，肘內收；右拳內旋，下落置於右胯窩前，拳心向左上。面向西北（圖3-4-86）。

2. 左胯鬆沉，右腳過左腳向前上步落於左腳尖前，右腳

圖 3-4-86　　　　　　　　　圖 3-4-87

尖外擺成右虛步；身體左轉 45°；同時，右拳由下向上、向
左擺拳畫弧至胸前；左拳隨身向下外旋，向後置於左後側，
拳心向外。面向西（圖 3-4-87）。

　　3. 右腳落地變實，左腳過右腳向前上步，成左弓步；身
體右轉；同時，左拳由後向上內旋擺置於胸前；右拳外旋，
向內逆時針方向畫弧。面向西北（圖 3-4-88、圖 3-4-88 附
圖）。

　　【說明】：

　　二步三捶又名披身捶、三步捶等。練習時鬆身活胯，沉
肩墜肘，拳與腳步一致，無散亂，擺拳掄圓，寓化打合一。

　　【用法】：

　　在推手時，對方左手接我左手，右手接我左肘，順勢将
我，我則進左腳，同時左肘內旋，左拳向前擺擊對方；對方
屈身化解，我則右腳上步踩對方小腿脛骨或腳面。

　　在散手中，與前式連用。若蹬踢對方未奏效，左腳直接

圖 3－4－88　　　　　　　圖 3－4－88 附圖

向前上步落地，用左拳擊其面部。

　　對方左拳迎面擊來，我則右拳內擺向下裏壓其臂，右腳
上步踩其小腿脛骨或腳面。

　　對方從後方近身擊我，我則上步避讓，同時用拳內旋，
向後擊對方腹部。

　　【歌訣】：

　　　　兩步三捶上下倒，側身換步敵難曉。

　　　　內外搬攔化即打，下盤腳腿胯合好。

　　　　膀活胯鬆前後用，陰陽虛實理義要。

　　　　練拳似耍應記牢，輕柔順遂自然找。

第二十七式　青龍探海

　　左胯鬆沉，身體左轉；右拳由右下向後上、再向前、向
下逆時針方向畫圓，拳面向下，拳心向內，背與右腿成一斜
面；左拳向後過左側腰部向上，拳心向上，與右拳上下成一

線。面向西（圖3-4-89）。

【說明】：

右拳為栽捶，喻為「青龍探海」。注意鬆肩活腰胯，俯身時頂勁不丟。

圖3－4－89

【用法】：

在推手時，我右手接其右手，左手接其右肘，對方快速變招，以捶或掌擊我胸部，我則以左前臂向內裹攔其右臂，進左腳並以左拳擊敵，對方退步化解，我則以右拳擊其胸、腹部。

在散手中，對方揮右拳迎面打來，我則用左前臂裹壓化解來勁，同時左腳進步，以左拳擊敵咽喉部。若對方退步屈身化解，我以右拳由上而下因勢擊敵。

【歌訣】：

青龍探海順敵勁，俯身下勢頂要領。

栽捶下打周身順，彼力愈大空愈深。

右胯鬆沉身自轉，黃龍滾背顧後邊。

青龍黃龍動無形，機關巧要誰能明。

第二十八式　二起腳

1. 右胯鬆沉內收，雙腳以腳跟為軸，腳尖向左擺；右肩向後上滾身左轉，重心移右腿，左腳跟步成左虛步；身體左轉180°；同時，兩拳隨身體左轉向上、向左後順時針方向畫弧收至胸前，右拳稍前，雙拳心向下，拳眼朝內相對。面對

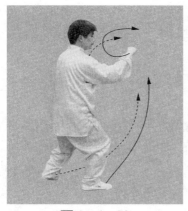

圖 3－4－90　　　　　　　圖 3－4－91

東（圖 3-4-90）。

2. 由左虛步變右虛步再變左虛步時，左腳向前彈踢；右腳蹬地躍起向上彈踢右掌指根處，頂勁正腰；同時，雙拳內收，向上、向前由拳變掌再變拳轉一立圓；雙拳變掌前伸，右掌在前向下拍擊右腳面；拍腳在空中完成，掌腳相擊乾淨俐索，式整聲脆。面向東（圖 3-4-91）。

【說明】：

動作 1 又名「黃龍滾背」，動作 2 名「霸王敬酒」，皆可獨立成式，特作說明。

「黃龍滾背」要求鬆肩活胯，起身右轉要連貫；應敵時肩要從人。「霸王敬酒」重心後移時鬆沉蓄勁，雙拳走立圓，意在化解敵力而擊之，即化即發，陰陽內換，勁發丹田。二起腳左腳為佯攻，以右腳擊敵，雙腳騰空以避敵掃擊腿腳；躍起時頂勁領起，但氣不能上提。

【用法】：

①在推手時，對方左手握採我左腕，右後翻肘向後、向上採我左臂。我左肩放鬆，順勢從人，同時身體滾旋右轉，以右肩、肘、拳連環擊敵頭部。

在散手中，若對方從後面襲擊，也可用此式迎敵。推手用法亦適用於散手。

②在推手時，對方右手緊握我右腕，左手握我肘部進身按我。我則右臂放鬆，身體蓄沉化勁，當對方重心前傾時，我則右拳向上、向前與身體配合發力，致敵仰面跌出。若對方化解欲逃，我則迅速起跳以右腳彈踢對方頭部。

在散手中，對方迎面雙手推擊我，亦可用此招發之。雙腳騰空既可擊敵，同時也可避對方掃腿。推手用法亦可用於散手。

【歌訣】：

左右連環二起腳，騰空拍擊敵難明。

霸王敬酒不露形，丹田勁發拳要崩。

開合呼吸蓄發就，立圓自合任督行。

落地換步要輕靈，左腳再起身後應。

第二十九式　分馬掌抱膝

1. 左腳先自然落地，然後再起跳以左腳後跟向後上擊打臀部後向前提膝；同時右腳落原地變實，即為跳換步；同時，兩掌由胸前向左右兩側分開，掌心向內斜向下。面向東（圖 3-4-92、圖 3-4-93）。

2. 左腳向前進一步，重心隨之前移左腿成左弓步；同時，兩掌隨左腳上步經兩胯向前上穿出，手腕交叉，右上、左下手背相對，掌心朝外。面向東（圖 3-4-94）。

圖 3－4－92

圖 3－4－93

圖 3－4－94

圖 3－4－95

3.左右兩掌向兩側外旋，向下畫弧；重心移右腿，左腳後收半步，腳尖落地成虛步；身體中正；兩掌向下、再向內置於左膝兩側，如抱膝狀再向上抬起；同時，左膝向上抬起。面向東（圖3-4-95、圖3-4-96）。

圖 3－4－96   圖 3－4－97

【說明】：

進步分馬掌手到步到，鬆肩墜肘，兩掌滾旋側分與周身
合勁，抱膝上下相隨。分門樁為音誤。套路編排注重八面應
敵，故在推手練習時，可將各種勁路分別體會。在對敵時神
意當先，圓活連貫。

【用法】：

①對方從身後近身，我則左腳向後上抬，以腳跟擊敵
襠、腹部。

②對方迎面進身摟抱，我則雙掌交叉向前直取中門擊敵
胸部或頭部。

③對方兩手握我一側手臂，我以被握手臂向前上引化，
同時以另側掌取其中門而擊之。

④對方雙手握我左右兩臂向我推壓，我則兩臂向下、向
身前引對方落空前栽時，提左膝擊其胸、腹部。

【歌訣】：

進步進身分馬掌，雙掌側立交叉領。

沉肘外旋兩邊分，柔中寓剛撥人群。

內合托肘封敵進，好似抱膝頂腹陰。

千變萬化使不盡，輕靈圓活順勢尋。

第三十式　喜鵲蹬枝

右腿屈蓄，左腳向前蹬出，身體右轉；同時，兩掌向前上畫弧，左手隨左腳向前，右手向上、向後成接槍式（圖3-4-97）。

【說明】：

此式取喜鵲枝頭欲飛時展翅蹬枝之形與意而名。兩掌向上意托對方兩肘前送，隨變化成接手、接槍式。鬆肩墜肘，手臂曲中求直，注意身體平衡，聽勁要準，我勁走對方勁前控制對方。

【用法】：

在推手時，我右手送出對方右手，左手接其右肘、左手，對方得機而進，我則右手向上托其左肘，左手托其右肘，上托前送。同時以左腳蹬其腹部。

在散手中，對方迎面用雙掌推我，或迎面進身摟抱，我則以兩掌上托對方肘部化解來力，並向前推送，左腳向前蹬其襠、腹部。

【歌訣】：

喜鵲蹬枝勁蓄滿，振翅欲飛意先騰。

蓄勁周身蜷得緊，展腿蹬擊敵腹心。

雙手托肘膝頂陰，解開其意心為本。

圖 3-4-98　　　　　　圖 3-4-98 附圖

脊發根催勁要跟，氣沉丹田身自穩。

第三十一式　鷂子翻身

右胯鬆沉，膝微屈，右腿承重，以右腳跟為軸，腳尖外擺；左腳向上，隨身體向右後擺，落於右腳內側變實成右虛步，兩腳與肩同寬；身體向右轉 270°；同時，左手向上，隨身體向右畫弧落於左胯外側，右手向右下隨身體右轉置小腹前，掌心向內。面向北（圖 3-4-98、圖 3-4-98 附圖）。

【說明】：

運動中要連貫，喜鵲蹬枝左腿前伸時，身微後仰以達前後平衡，右胯鬆沉身體迅速向右後轉，周身配合，渾然無間。似鷂子在空中翻旋之矯健，故以「鷂子翻身」而名。為敗中取勝之招身處險境而發。

【用法】：

在推手時，我雙手上托對方雙肘，左腳前蹬對方時，對

方右臂滾旋化解並迎面擊來，我迅速用左腳尖前點上撩對方胸部，同時右手向上掤接其右手，左手接其右肘向右後捌擊之。

在散手中，對方以右拳迎面打來，且進身力猛。我身體右轉後仰，右手掤接對方右手，用左腳彈踢其右肋部。

或兩手分別接手、接肘，合力採其右臂，同時鬆胯轉身向右後閃摔對方。

如果對方力大速猛，以雙手向我推撞，也可用此招法。

對方雙手持器械迎面刺來。我以兩手向上掤接器械，同時身後仰右轉以化解其招，並以左腳擊其軀幹部位。

【歌訣】：

鷂子翻身勢矯健，雙掌接手閃捌旋。

腳跟抹轉左腿擊，上下相隨勢無間。

起腿蹬足半邊空，遇擊莫慌順敵蹤。

陰陽相濟身手領，氣轉身旋展輕靈。

第三十二式　左右裹膝

1. 左胯鬆沉，右腿上擺並向右側蹬出，腳尖向上，以腳跟為力點；同時，右掌向上，隨右腳過右膝內側向右撩；左掌向左上畫弧，右掌略高於右腳。面向北（圖3-4-99）。

2. 右腳向前落地時腳尖外擺，重心移右腿，兩腿交叉；左腳過右腳後向左上抬膝蹬

圖3-4-99

圖 3-4-100　　　　　　　圖 3-4-101

出；身體右轉 180°；同時，兩掌隨身體右轉下落內收，右掌向右上畫弧，左掌隨左腳經腹前向左上撩，左掌略高於左腳。面向南（圖 3-4-100、圖 3-4-101）。

【說明】：

右蹬腳與轉身左蹬腳要連貫，雙腿虛實分明。支撐腿要穩，身體中正。手上撩以護使腳蹬，腳蹬出後不可後收，後收則不連貫，易為人乘機而入。

【用法】：

①在推手時，我右手向上掤其右手，右肘掤其左手。對方捋我右臂，我則順勢抬右腳蹬其腹部。

在散手中，對方從右側揮拳向我擊來，我則以右掌向上掤其手臂，同時以右腳蹬其軀幹部位。

②在推手時，對方右手接我右手，左手接我右肘，合力向我身體推按。我則右手內旋後收，右胯鬆沉，使身體右轉化解來力；同時左手接其右肘，我雙手合力向右後捋化，左

腳上步踩其右小腿部。

在散手中與①連用。我右腳蹬擊時，對方欲後退避讓，我則右腳上步時右轉身，左腳向前蹬對方相應部位，同時手上撩擊其面部。

【歌訣】：

　　左右裹膝步要穩，護襠蓄勢守中門。

　　腳落身轉勁路整，正隅變化左右尋。

　　勢勢連用巧安排，手撩腳蹬上下擺。

　　連環身旋虛實明，八面應敵示奇能。

第三十三式　掩手捶

左腳落地成左弓步；正腰圓襠，身體左轉；同時，左掌內旋向前上；右掌變拳，向左經腹前內旋向上畫弧，置於左掌內側，左掌心與右拳面相對。面向東南（圖3-4-102）。

【說明】：

顧名思義，左掌掩護右捶擊敵而名。鬆肩墜肘，右側肘膝、肩胯、手腳相合；手腕要靈活，若捶遇阻攔，要屈腕以捶背或前臂、肘連貫用之，勁發丹田。

【用法】：

在推手時，對方左手接我左手，右手接我左肘向我擠按。我則左手內旋，向左引化來力，右掌變拳，向前上擊其

圖3-4-102

胸部。

在散手中，對方揮右拳向我擊打。我則以左手掤接對方右臂，同時以右捶擊其胸部或咽喉部。

【歌訣】：

掩手捶勢寓意深，掌後使捶是為真。

左掌應敵順勢走，右掌變捶勢緊跟。

梢節受制心莫慌，鬆開我勁順勁防。

得機屈肘迎面擊，身正胯鬆敵歸西。

第三十四式　抱頭推山

1. 左胯內收。身微左轉，左肋收緊。同時左肘向左下，右肘向上、向前走圓，肘尖朝前；左掌心對右拳面，隨勢轉動時左右手腕順遂自然。面向東（圖3-4-103）。

2. 右胯鬆沉，重心移至右腿；雙腳以腳跟為軸，先後向右擺成右弓步；身體右轉135°；同時，左掌向上過左耳、腦後向右前畫弧；右拳變掌，隨身體右轉向下（圖3-4-104）。右掌繼續向右，過右膝前向上，過腦後向右前外旋畫弧，左掌向左下置於胸前，右掌向右前。面向西南（圖3-4-105）。

【說明】：

屈肘向前稱「迎面肘」，俗稱「拐肘」。「迎面肘」左沉右領，不可回抽，勁要順

圖3-4-103

圖 3－4－104　　　　　　　圖 3－4－105

達。「抱頭推山」正腰活胯，可應前後左右之敵，身體下蹲
右轉胯要圓撐，左右協調，上下相隨。右側有七寸肘、鋪地
掌、迎門靠、背折靠諸式。

【用法】：

　①在推手時，對方左手接我左手，右手接我右手，右前
臂壓我左肘，周身合勁從左側擠按我。我則順勢左側沉胯束
肋，左臂向左下引化來力，右肘尖向前擊打其頭面部。

　在散手中，我以左肘擊打對方心窩，對方下壓化解肘
勁，我則順勢以右肘向前滾旋，用肘尖擊打其面部。

　②在推手時，對方左手接我左手，右手下壓欲送出我右
手。我則順勢身右轉下蹲，右腳在對方左腳外側，右肘下擊
其小腿脛骨，以肩靠擊對方胸肋部。若對方左腳卸步，我則
右手上旋纏其左臂，兩手合勁順勢按之。

　在散手中，對方從右後側揮左拳向我頭部擊來，我屈膝
下蹲，身體右閃，左手向上搠其左拳，以右肘、肩、掌連環

圖 3-4-106　　　　　　　　圖 3-4-107

擊打對方身體。

　　對方右腳踢我時我向右閃，以右手托其腳腕向右後引
之，左手搭其右膝，兩手合力向外推按，使其失重倒地。

　　【歌訣】：

　　　　抱頭推山有奇能，氣轉身旋中軸正。

　　　　肘打脛骨在七寸，靠擊胸腰是一瞬。

　　　　手臂上旋如抱頭，力由脊發山推走。

　　　　上下左右陰陽濟，正腰活胯招式奇。

第三十五式　如封似閉

　　同第三式「如封似閉」（圖 3-4-106、圖 3-4-107、圖
3-4-108）。

第三十六式　單鞭

　　同第四式「單鞭」（圖 3-4-109、圖 3-4-110）。

圖 3－4－108

圖 3－4－109

圖 3－4－110

圖 3－4－111

第三十七式　前後招

1.右胯鬆沉，身正襠圓；右勾手變掌內旋，向左置於胸前，右肘內收，鬆肩墜肘。面向南（圖 3-4-111）。

2. 重心移至右腿成右弓步，正腰落胯；同時，左肘內收，左掌向右至右掌下，兩手成交叉狀。面向南（圖3-4-112）。

圖3-4-112

【說明】：

招即揮動手臂引化對方勁力，也稱「左右招」。練習時注意手臂要輕靈，用時聽勁才準，手臂三節要活，襠要撐圓。每側分前中後三門，有「三門六靠」之說。根據對方勁力不同可分別用迎門、貼身、背折靠擊打對方。

【用法】：

在推手時，對方右手接我右手，左手接我右肘，欲控制我右臂按擊。我則聽勁因勢引化，並以肩靠擊對方胸部。

在散手中，對方從右側向我推撞，我以右手肘向上掤接對方手臂，鬆肩旋肘，因敵勢引其勁力落空，使其自跌。

或對方勁力落空時，我以肩靠擊對方胸部。

左側用法與右側同，惟左右相反。

【歌訣】：

和式太極前後招，勢簡勁捷連環套。

引敵急進落空栽，循勢近身靠法高。

虛實分明中軸旋，三門六靠擊敵要。

勢高自合太極理，正隅陰陽吾自曉。

第三十八式　勒馬勢

左胯鬆沉，重心移至左腿；右腳向右退步，腳前掌著地成虛步；左腳以腳跟為軸腳尖內擺；身體右轉 90°；同時，右掌外旋，向下、向右畫弧置於右膝外上側；左掌外旋，向左上畫弧。面向西（圖3-4-113）。

圖 3-4-113

【說明】：

勒馬勢形同提繮勒馬。練習時應做到身體中正不偏，身轉步換，身、手、腳相隨一致，陰陽、方位要明。圓活輕靈，可引迎面來力落空，又可用右肩、肘擊後側之敵。

【用法】：

在推手時對方右手接我右手，左手接我右肘，進步擠按。我則右臂鬆旋向右下引之，同時右腳退步身右轉，使來力落空，並以左掌擊其面部。

在散手中，對方從右後側打來，我則用右腳向後插襠，控制對方重心，同時身右轉，以右肩、肘擊打其胸、腹部。

推手用法也適用於散手，意在引對方勁力落空而擊之。

【歌訣】：

　　　勒馬勁旋敵落空，右腳虛點待機動。

　　　胯鬆身轉側面分，陰陽變轉肘靠迎。

　　　千斤來力沾著引，烈馬收繮勁走順。

　　　上下相合成一體，何懼來敵力千鈞。

圖 3-4-114

圖 3-4-115

第三十九式　野馬分鬃

1. 左胯鬆沉，右腳向左、向前走，行弧步成右弓步；身體左轉；同時，右手向上，經胸前外旋向右畫弧；左手向下，經左胯窩前置於小腹前。面向西（圖 3-4-114）。

2. 右胯鬆沉，左腳向右、向前走，行弧步成左弓步；身體右轉；左手向上，經胸前外旋向左畫弧；右手向下，經右胯窩前畫弧置於小腹前，掌心向內。面向西（圖 3-4-115）。

【說明】：

「野馬分鬃」左右式同而方向相反。此式喻野馬奔馳之迅猛矯健，兩手隨前行弧步向左右兩側分開，手、肘、肩與腳、膝、胯相合。進步要輕，落腳要穩。前行弧步有併步蓄勁和避讓之意。手、肘、肩三節要連貫，上護喉下護陰，左右迎敵。此式可單獨反覆練習，定勢成右弓步。

【用法】：

在推手時，對方右手接我右手，左手接我右肘，採捋我右臂。我則鬆肩旋肘走化來力，順勢右腳進步插襠，右臂外展發放對方。對方採我右臂走化我勁，我則右手臂放鬆，順其勢以肩靠擊對方。

在散手中，對方揮右拳向我打來，我則以右臂自下向上掤其手臂，向上、向外引化來力，右腳進步插襠，左手擊打右肋部，周身合力向右前發放，使之跌出。

以上為右邊用法，左邊相同而左右相反。

【歌訣】：

野馬分鬃奇數行，足探虛實如履冰。

沾手前行走圓形，肘肩膝胯節節領。

手到步到身要擁，掌心鼓起丹田勁。

虛靜鬆柔妙輕靈，陰陽五行理法明。

第四十式　玉女穿梭

1. 左胯鬆沉，重心移左腿；右腳尖內擺上抬，腰脊中正；同時，右手向右下內旋畫弧；左掌向上、向右畫弧置於右掌上方，右掌前、左掌後。面向西（圖3-4-116）

2. 右腳向前上步成右弓步；身體左轉；同時，右掌向前上刺出，掌心向上，與咽同高；左掌後收置於胸前。面向

圖3-4-116

圖 3-4-117　　　　　　　圖 3-4-118

西（圖 3-4-117）。

　　3. 右胯後收，右腳尖外
擺；左腳過右腳向前上步成左
弓步；身體右轉；同時，左掌
隨身體向前刺出，掌心向下，
掌與咽同高；右掌後收置於胸
前。面向西北（圖 3-4-118、
圖 3-4-118 附圖）。

　　【說明】：

　　動作 1 又稱「右探馬」，
動作 2 又稱「白蛇吐信」。練

圖 3-4-118 附圖

習時視己體質與階段而不同。若體質強健，右探馬右腳上抬
向前進一大步，前落時左腳躍起向前縱步。左右連貫，上下
一致，身活步穩，身換步進，使敵難以招架。離敵距離較遠
或遇重圍，可用此法衝出圍攻。

【用法】：

在推手時，對方右手接我右手，左手接我右肘向我擠按。我右臂內收上領化解來力，同時左手搭其右肘，兩手合力向右側捯，右腳同時挑其左腳斷其根。若對方化解我勁欲退，我則右手內旋向前順其勢刺向對方。對方若能化解我右手進招，我則迅速上左腳、進左掌連貫擊敵。每個小式也能單獨使用，靈活掌握。

在散手中要快、準、穩，推手用法也適用散手。

【歌訣】：

玉女穿梭手法巧，縱身前躍似虎跳。

白蛇吐信刺喉妙，烏龍盤柱順勢撩。

有進有退陰陽曉，站右進左謂捷要。

身進步迎勢逍遙，正頭領氣是巧要。

第四十一式　轉身懶扎衣

左胯鬆沉，右胯窩後收，左腳以腳跟為軸腳尖內擺，右腳向後旋掃 180° 成右弓步；身體右轉 180°；同時，右掌隨身體右轉向上、向右順時針畫圓；左掌隨身體右轉下收置於左胯上方成懶扎衣式。面向南（圖 3-4-119）。

【說明】：

走架時與玉女穿梭連貫起來。右腳後掃，又稱後掃堂。

圖 3-4-119

圖 3-4-120　　　　　　　　圖 3-4-121

身轉時以肘帶手，身轉步隨，不貪不欠，注意外三合。

【用法】：

同第五式。也可與玉女穿梭連環擊敵。

第四十二式　如封似閉

同第三式（圖 3-4-120、
圖 3-4-121、圖 3-4-122、圖
3-4-123）。

第四十三式　單鞭

同第四式（圖 3-4-124、
圖 3-4-125）。

第四十四式　雲手

同第二十二式（圖 3-4-

圖 3-4-122

圖 3-4-123

圖 3-4-124

圖 3-4-125

圖 3-4-126

126、圖 3-4-127、圖（3-4-128）。

圖 3-4-127　　　　　　圖 3-4-128

第四十五式　跌岔

1.重心移至右腿時左胯鬆沉後收（圖 3-4-129），重心再移左腿，左腳單腿站立，腳全掌著地；右膝上抬；身體左轉；同時，兩掌從左右向右膝收時變勾手，右手在右膝外側，左手在右膝內側，如兩手將右膝提起狀。面向南（圖 3-4-130）。

2.兩勾手向上過胸前匯至面前變掌；掌心相對，掌指向上如童子拜祖式（圖 3-4-131）。

3.右腳落地變實；左腳向左側伸出成左仆步；腳尖向上；身體鬆沉下落；同時，兩手向左右兩側外旋分開如橫挑扁擔狀（又名「二郎擔山」）。面向東南（圖 3-4-132）。

【說明】：

運動中身體各部位協調配合，兩手向右膝匯合要身體不偏，意在化解右腿被困。動作中身體屈伸幅度較大，注意腰

圖 3-4-129

圖 3-4-130

圖 3-4-131

圖 3-4-132

胯要活，步子要靈，雙手上下接應。左仆步可落地坐實，即
右腿內側著地，左腿後側著地，臀部著地。此式難度較大，
應循序漸進。

【用法】：

①在推手時，我右手接對方右手，左手送出對方左手。對方此時順勢抱我右腿，我則以右手纏其左臂，左手接其右臂向兩側引化，重心移左腿的同時，抬右膝擊打對方胸、腹部。

在散手中，敵人屈身抱我右腿，我兩手以拳或掌或勾擊打對方頭部，並用右膝上頂其胸、腹。推手用法可用於散手。

②在推手時，對方右手接我右手，左手按我右肘。我則順勢肘內收，掌外旋打對方面部。若對方接手仰身化解，我則屈肘向下擊打對方胸部。

在散手中，若對方正面摟抱或雙手打來，我用兩掌向左右黏壓對方兩手，用右膝上頂其襠、腹部。

【歌訣】：

> 跌岔下勢走化勁，雙手內合護中庭。
> 提膝合上擊敵襠，二郎擔山兩臂張。
> 伸腿仆步把敵傷，身下頭領勁力暢。
> 身法高低縱橫全，上下相隨意氣揚。

第四十六式　掃蹚腿

重心移左腳屈膝（圖 3-4-133），以左腳跟為軸腳尖外擺；右腿掠地面向左掃轉 180°；身體左轉 180°；同時，左手向左前上領，右掌向左畫弧，伸臂肘微屈，置於右腿上方，掌心向前；左掌向上內收，置於左耳後，掌心向內指向上，面向北（圖 3-4-134）。

【說明】：

掃蹚腿即用腿橫掃一片，意在用腿、腳擊打對方腳腕部，使敵斷根失重。掃蹚腿的編排是與跌岔連貫的。我用左腿蹬踢對方，對方托我腳腕前拉，我則順勢左腳前伸下壓成跌岔式；然後迅速轉換虛實，以右腿向左掃敵腳腕，是敗中取勝之招法。在練習時要注意身體的柔韌性鍛鍊，也可以掃轉270°。右腿橫掃時頂勁要領起，上下相隨。掃蹚腿也可獨立成式。

圖3-4-133

圖3-4-134

【用法】：

在推手時，我左手掤對方左手，左肘掤對方右手；順勢向左上領化，身左轉以右掌擊對方胸、腹；對方退步避讓，我則以右腿左掃對方小腿部，使之倒地。

在散手時用法與推手同。其餘用法參閱說明。

【歌訣】：

掃蹚腿法頂要領，進身雙腿虛實明。

圖 3－4－135　　　　　　　圖 3－4－135 附圖

身旋腿掃勁要整，擊其下節斷其根。

雙掌護使剛柔濟，隨勢應變意運氣。

屈身豎頸神氣精，如泉湧出反弓勁。

第四十七式　金雞獨立

1. 右腳收回抬膝；左腿微屈支撐身體，身體長起；同時，左手自左耳後向前繞過左肩窩，向下落於左腿外側；右手內收，向上過右肩窩繞右耳後向上過頭頂。面向北（圖3-4-135、圖3-4-135附圖）。

2. 右手、右腳上領右轉；左腳以腳跟為軸，腳尖內擺成左腿獨立狀；身體右轉90°；同時，右手上領，向右畫弧，左手隨身體右擺。面向東（圖3-4-136）。

3. 右腳落地變實，屈膝蓄身；同時，右手向下經右耳後過右肩窩下落；左手向上畫弧（圖3-4-137）。

4. 左腿抬起，右腿獨立；同時，左手向上過左肩窩繞左

圖 3-4-136

圖 3-4-137

耳後向上過頭頂；右手下落變
勾手置於右腿外側，勾尖向
後。面向東（圖3-4-138）。

　【說明】：

　　以單腿站立喻雄雞獨立之
穩健。勢分左右，故又稱「左
右金雞獨立」。運動時注意鬆
肩鬆胯，腰脊中正，左右協
調，左上右下或右下左上時有
上托下按之意，掌握身體平
衡。

圖 3-4-138

　【用法】：

　　在推手時，對方右手挪我右手，左手向上托我右肘，兩
手合力上托。我則右臂順勢上領，化解對方上托，使其力落
空後，用右手擊敵頸部或下頦。同時右膝上抬擊對方襠、腹

部。

散手時用法與推手同。

右側用法與左側同，惟左右相反。

【歌訣】：

　　金雞獨立勢穩健，手臂繞耳轉一圓。

　　左手上擎勢托天，右手下按如墜山。

　　明掌易化膝上穿，美女梳頭似天仙。

　　順勢轉身左右全，兩儀互濟立圓現。

第四十八式　雙震腳

雙腳躍起騰空後，右腳先落地重踏地面；左腳後落地重踏地面，發出兩次響聲，屈膝蓄身；同時，左肘下墜置於胸前；右勾手變掌置右腿外側。面向東（圖3-4-139）。

【說明】：

右腳、左腳先後重踏地面，發出兩次響聲謂「雙震腳」，又稱「雙跌腳」。腳踏地要全腳掌著地，意在下踩對方腿腳。身體下落時，周身之勁合成一家，有無堅不摧之氣勢。

【用法】：

在推手時，對方左手接我左手，右手接我左肘。我左臂上領，以左膝上頂其腹部。對方收腹，我則屈肘向下擊打對方胸部。對方若化解我左肘擊

圖3-4-139

打，並用右腿向我左側掃我右小腿，我右腿迅速躍起避讓，再向下踩其腿。

在散手中，我以左臂掤接其雙手後，用法同推手。

【歌訣】：

　　雙震腳法避掃腿，腳有先後連聲雷。

　　身意放鬆驟一緊，肘下力重有千斤。

　　猛然分開周身隨，經鬆脈通氣血盈。

　　震腳發力宜慎用，盲練常用傷骨筋。

第四十九式　倒攆猴

重心前移左腳，右腳向後、向右走後行弧步成左弓步，起身右轉；同時，右掌內旋，向後、向上、向前逆時針方向畫圓至胸前，掌心向內；左掌下落置於左大腿外側，掌心向內，掌指向下。面向東（圖3-4-140）。

其餘動作同第十五式（圖3-4-141、圖3-4-142）。

圖3-4-140　　　　　　　　圖3-4-141

圖 3－4－142

圖 3－4－143

圖 3－4－144

圖 3－4－145

【說明】：要領及用法同第十五式。

第五十式　白鶴亮翅

同第十六式（圖 3-4-143、圖 3-4-144）。

圖 3−4−146　　　　　　　圖 3−4−147

第五十一式　斜行

同第十七式（圖 3-4-145、圖 3-4-146）。

第五十二式　海底針

同第十八式（圖 3-4-
147、圖 3-4-148、圖 3-4-
149），惟左腳向後跨一步。

第五十三式　閃通背

同第十九式（圖 3-4-
150、圖 3-4-151、圖 3-4-
152）。

圖 3−4−148

圖 3－4－149

圖 3－4－150

圖 3－4－151

圖 3－4－152

第五十四式　如封似閉

同第二十式（圖 3-4-153、圖 3-4-154）。

圖 3－4－153

圖 3－4－154

圖 3－4－155

圖 3－4－156

第五十五式　單鞭

同第二十一式（圖 3-4-155、圖 3-4-156）。

圖 3-4-157

圖 3-4-158

第五十六式　雲手

　　同第二十二式（圖 3-4-
157、圖 3-4-158、圖 3-4-
159）。

第五十七式　高探馬

　　同第二十三式（圖 3-4-
160、圖 3-4-161）。

第五十八式　單擺腳

圖 3-4-159

　　1. 左腳向左前進步；兩腿屈膝內扣，身體鬆沉右轉；同時，左掌外旋，向右上屈置於胸前，右掌內旋向左下，雙掌順時針翻轉成左手上、右手下交叉成十字手置於胸前。面向西南（圖 3-4-162）。

圖 3－4－160

圖 3－4－161

圖 3－4－162

圖 3－4－163

2.重心前移，左腳成左弓步，起身左轉；同時，右腳向左前上擺再向右擺腳畫弧；左掌向前穿出左擺，使右腳外側面與左掌對擊，手掌指根處與腳面相擊聲脆響亮；右掌隨身運動。面向南（圖 3－4－163）。

【說明】：

此式又名「單擺蓮」。十字手左右陰陽顛倒要圓轉無滯，沉肘伏肋。腳擺起首先自己要穩定。起腳半邊空，起腳擊人需左右、上下配合，務求周身順遂，不可勉強出腳。擺腳要快、準、高，不給對方可乘之機。

【用法】：

在推手時，我右手搭對方右手，左手托對方右肘，順勢兩掌合勁採其右臂向前擠按，左腳上步至對方右腳外側，左腳尖內擺截其右腳。若對方順勢化解欲退，我則以右腳擺擊對方右肋。

在散手中，對方起腳從正面向我彈踢。我側身進步，用左手托其腳腕，用右手握其腳尖，兩手合力順時針採擰對方踝關節，同時起右腳擊對方襠部。

對方右拳迎面擊來，我側身進左步；右手上掤接其右手，左手托其右肘，兩手合力反其肘關節，同時左肘屈肘，向前擊對方右肋部。

對方右拳或左拳迎面打來，我用左手向上掤對方手臂，同時起右腳彈踢或擺擊對方軀幹。

對方握短兵器迎面打來，我迅速側身避讓，同時進左腳，用右腳從側面擺擊對方手腕，左掌打其面部。

【歌訣】：

秋風掃葉單擺蓮，起腿上擊敵頭面。

陰陽翻轉顛倒顛，順勢採挒隨敵變。

側身橫進截其步，變換虛實肘靠現。

腿起身空何為用，必如龍形不見影。

圖 3-4-164　　　　　　　　圖 3-4-165

第五十九式　吊打指襠捶

1.右腳下落時向右後撤一大步；左腳以腳跟為軸，腳尖內擺成右弓步；身體右轉；同時，右掌變拳向右下畫弧，過右膝內側向上由掌變拳；左掌外旋，向左後由掌變拳，拳背貼在左側腰窩處，拳心向外。面向西南（圖 3-4-164）。

2.左胯後收；右拳向上、向內經胸前至小腹前，拳面向下如吊掛；左肘內扣。面向西南（圖 3-4-165）。

【說明】：

吊打指襠捶以意而得名。用右拳指打對方襠部，勁發丹田，旋胯身轉，以身力催右臂，勁達右拳及肘部，連環擊敵襠腹部，故稱吊打指襠捶。右腳落下向右後要鬆胯轉身，右肩、肘以螺旋勁連環擊打後方來敵。

【用法】：

在推手時，我左手接對方左手及右肘，右手送出對方右手後，對方右手向上托我左肘，並與右手合力採擰我左臂。

我左臂滾旋走化，同時以右拳、肘擊打對方小腹部。

在散手中，對方揮左拳迎面打來，我以左臂裹纏對方左臂向左帶以化解來力，用右拳、肘擊打對方襠、腹部。

對方從右後側向我撲來，我則右腳向後插襠，蓄身向後，以右肩、肘打擊對方胸、腹部。

【歌訣】：

> 吊打指襠捶擊陰，腳落身到敵心驚。
> 左右旋閃連環應，身正胯鬆伏奇兵。
> 右實還須右側進，應前顧後肘靠迎。
> 捶法吊打世間少，丹田勁發是真要。

第六十式　領落上金剛

兩拳變掌，向上成金剛三大對接手接肘式（圖 3-4-166）。

其餘動作同第一式金剛三大對（圖 3-4-167、圖 3-4-

圖 3-4-166

圖 3-4-167

168、圖 3-4-169）。

第六十一式　懶扎衣

同第二式（圖 3-4-170、圖 3-4-171、圖 3-4-172）。

圖 3-4-168

圖 3-4-169

圖 3-4-170

圖 3-4-171

圖 3-4-172　　　　　　　　圖 3-4-173

第六十二式　右扎七星

1. 左胯鬆沉，重心移左腿，屈膝下蹲；右腿伸直成仆步，腳掌向右，腳尖向上。身體右轉 45°；同時，右掌下落，向內、向上過胸前向右順時針畫圓，落至右膝內側；左掌上移胸前，再向左下、向內上順時針畫弧置於左耳旁。面向西南（圖 3-4-173）。

2. 重心前移右腿成右弓步；身體前移上領；右臂鬆沉，順右腿前沖上領；左手向右下至胸前。面向西南（圖 3-4-174）。

3. 重心後移左腿（圖 3-

圖 3-4-174

圖 3－4－175　　　　　　　圖 3－4－176

4-175），隨即重心再移右腿，左腳跟步成左虛步；身體先右側再左轉；同時，右掌變拳，上抬後收，再向前下置於右腿前外側，拳心向內，拳眼向前下；左手變拳，向前上繞右拳再後收屈置胸前。面向西南（圖3-4-176）。

【說明】：

下勢時形如北斗星（七星），故名。扎七星含七寸靠、擒拿諸法。七寸靠即右肩離地約七寸向前。七寸靠難度較大，應注重身體之柔韌性鍛鍊。在身體條件允許的情況下，仆步應鋪地而坐，式與式要連貫，胯活身正，不可貪欠。

【用法】：

在推手時，對方右手搭我右手上，左手搭我右肘上向我擠按，且進步進身力大速猛。我則鬆胯蓄身向後化解，同時，右手隨身向後上引對方手臂，使對方來力落空，我則右肩前沖靠擊對方。

若對方抓肩或擊打，我則以右手托其手臂，左手採其指

腕，兩手合力反其手臂關節。

在散手中，若對方揮右拳進步向我打來，我則用右手向上接其手腕向外引化，同時以肩、肘連環擊打對方肋部。

【歌訣】：

仆步下勢扎七星，鬆胯屈膝上下應。

避其銳勢不丟頂，雙臂滾旋運化靈。

乘虛蹈隙發靠勁，何懼力大進又猛。

高低縱橫身法精，神清頂領因勢行。

第六十三式　回頭看畫

1. 左腳內收上提（圖3-4-177），再左擺落地成左弓步；身體左轉；左肘內收，左拳向上過下頦向左畫弧；右拳向內上提。面向南（圖3-4-178）。

2. 右腳向右（南）上步；身體左轉90°；同時，右拳過胸前向下置小腹前；左拳隨身體左擺。面向東南（圖3-4-

圖3-4-177

圖3-4-178

179）。

【說明】：

身左轉，以左拳、左腳迎身後之人，形象地稱為「回頭看畫」。左拳、左腳要上下相隨，左拳向上打其下頦及頭部，左腳下落與右腳抬起要連貫。右拳向前指打對方襠部，又稱「進步指襠捶」。捶的用法要掌握熟練，含有上沖拳、擺拳、栽拳等拳法。注意身法端正，鬆肩墜肘，襠圓步活。

【用法】：

在推手時，對方左手接我左手，右手接我左肘，用力向我擠按。我則左拳上領引化，並外旋左擺擊打對方面部，同時左腳上挑對方右腳，上下齊用以制敵。若對方化解，我則上右腳、用右拳擊打其襠、腹部。

在散手中，對方從後面揮拳打來，我身左轉，以左臂向上外擺引對方手臂，同時，左腳向外擺擊對方胸、腹部。

對方從左側或迎面揮手打來，我左拳向上擋化，左腳上步套其雙腳，以右拳擊打對方襠、腹部。

【歌訣】：

　　回頭看畫左腿掛，勁走螺旋把敵發。

　　提膝掛撩腿八法，右拳擊腹敵人怕。

　　左拳上指六陽首，貼身迫進加肩肘。

　　出入領落圈走圓，氣沉丹田鬆腰胯。

圖3-4-180　　　　　　　　圖3-4-181

第六十四式　黃龍攬水

1.右胯鬆沉，重心移右腿成右弓步；身體右轉；右拳變掌，向右、向內畫弧；左拳隨身體擺動。面向東南（圖3-4-180）。

2.重心移左腿；右腳向左上步，腳前掌著地成虛步；身體左轉；同時，右掌變拳，向左上屈置於胸前；左拳隨身體擺動。面向東（圖3-4-181）。

3.右腳向左前（東）上步；左腳跟步成虛步；身體左轉90°；同時，右拳向左前沖，拳心向下，與胸同高，拳面向前，與右腳尖齊；左拳隨右拳前沖，左拳略後置於胸前，拳心向下，拳眼向內。面向東北（圖3-4-182、圖3-4-182附圖）。

【說明】：

右拳翻旋向右，意在迎擊側後之敵，滾旋向前雙捶連環

圖 3−4−182　　　　　　　圖 3−4−182 附圖

前沖又稱「進步平心捶。」後打前沖不可貪，起落有致，似
蛟龍戲水，故形象名之為「黃龍攪水」。練習時身、步、手
配合一致，身轉步換。熟練後著勢要連貫緊湊。

【用法】：

在推手時，對方右手握我右腕，左手纏我右肘。我則鬆
肩旋肘向下化解，同時，右肩後側靠擊對方胸部（即背折
靠）。

在散手中，對方從右後近身攻擊，我則蓄身避讓，同時
向後進身，以右肩、肘擊打對方胸、腹部。

對方從左前側揮拳打來，我以左臂向上掤接；右腳進步
套其雙腿，右拳擊打對方心窩。

【歌訣】：

　　黃龍攪水胯鬆活，身正顧盼後右左。

　　右臂似龍首尾應，背折靠肘打敵凶。

　　虛實變換腰腿間，步運身進正隅變。

圖 3-4-183　　　　　　　　　圖 3-4-183 附圖

進步雙龍出水游，撐裏鑽翻敵犯愁。

第六十五式　如封似閉

兩拳變掌。其餘動作同第三式「如封似閉」（圖 3-4-183、圖 3-4-183 附圖）。

第六十六式　單鞭

同第四式，惟面向北（圖 3-4-184、圖 3-4-184 附圖、圖 3-4-185）。

第六十七式　左扎七星

1. 右胯鬆沉，重心移右腿，屈膝下蹲，左腿伸直成仆步；身體左轉 45°；同時，左掌下落，向內、向上過胸前向左逆時針畫圓，落至左腿內側；右勾手變掌，屈肘內收至胸前，再向左、向下、向上、向內逆時針畫圓至右耳旁，掌心

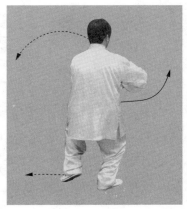

圖 3-4-184

圖 3-4-184 附圖

圖 3-4-185

圖 3-4-186

向內，指斜向左上。面向西（圖 3-4-186）。

　　2. 重心前移左腿成左弓步，身體前移上領；左臂鬆沉，順左腿前沖上領；右掌向左下置於胸前。面向西北（圖 3-4-187）。

圖 3-4-187　　　　　　　圖 3-4-188

3.重心後移右腿；左腳後收成左虛步；身體左轉；左掌變拳，上抬後收再向前畫圓；右手在胸前過左前臂下變拳，從左拳前繞上再後收屈置胸前，拳心向內，拳眼向上。面向西（圖3-4-188）。

【說明】：

說明及用法同右扎七星，惟左右相反。

第六十八式　進步十字手

左腳向前上步；右腳跟步，腳前掌著地成右虛步；身體右轉45°；右拳前移置左拳上方，兩手腕交叉成十字狀，右拳向下繞左拳內側；左掌向上繞右拳前；兩拳左前右後手腕交叉翻轉向前上，拳背向前，拳面斜向上。面向西北（圖3-4-189、圖3-4-189附圖）。

【說明】：

「進步十字手」以形象而名。練習時上下相隨，身旋胯

圖 3-4-189　　　　　　　　圖 3-4-189 附圖

轉，進步、進拳前展。兩拳繞轉如剪刀狀，以擒拿解擒拿。
拳前展可因勢而變掌，掌背向前擠按。

【用法】：

在推手時，對方左手握我左腕，右手接我左肘前按。我
以右手腕自上下壓對方左手腕，兩拳合力翻轉反其腕關節。
對方化解時，我則順勢左腳進步插襠，雙手或掌或拳向前按
擊。

在散手中，對方以直拳打來，我則以右前臂下壓引領對
方手臂，左手向上掤接其手腕，兩手合力翻轉反其手臂關
節，並向前擠封對方雙手，同時左腳進步插襠使敵仰跌。

【歌訣】：

　　進步十字擒拿手，翻轉捌臂搬攔肘。

　　手臂被敵擒拿扣，十字滾臂旋中求。

　　內丹立圓虛實有，進步進身使敵就。

　　陰陽知變如水流，相濟莫測神氣游。

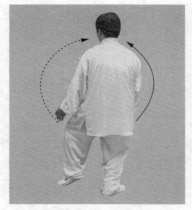

圖 3－4－190

圖 3－4－190 附圖

圖 3－4－191

圖 3－4－191 附圖

第六十九式　退步跨虎

1.右腳撤步；左腳向後跟半步，腳前掌著地成左虛步；身體後移下落；同時，兩掌外旋，向下過胯窩前（圖 3-4-190、圖 3-4-190 附圖），再向上、向內會於胸前，掌心斜

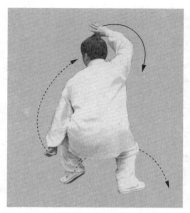

圖 3－4－192　　　　　　　圖 3－4－192 附圖

向對，指向上（圖 3－4－
191、圖 3-4-191 附圖）；
右掌外旋，向上過頭頂；左
掌變勾手向左下，勾尖向
後。面向北（圖 3-4-192、
圖 3-4-192 附圖）。

圖 3－4－193

　　2. 右胯後收，以右腳跟
為軸腳尖外擺；左腳上抬向
右後跨一步落於右腳前成左
弓步；長身向右轉 180°；同
時，右掌上領向右；左勾手

變掌，向上、向左後畫弧置胸前。面向南，眼平視（圖 3-
4-193）。

　　【說明】：

　　「退步跨虎」以退步及轉身旋腿形象而名，以虎喻敵之

凶猛。練習時手、肘、肩與腳、膝、胯相合，正腰落胯，鬆肩墜肘。要明虛實進退，胯活身轉，轉靈自然，陰陽相濟。退步跨虎可前後迎敵，向後可用肩靠、肘打、勾點，身手配合，手掌上領掤接引化，身體下蹲蓄勁，轉身左腳跨步，要注意上有手掌掤接，下有左腳配合，周身一家。

【用法】：

在推手時，對方左手搭我左手，右手接我右肘、右手，用力擠按。我左手放鬆，向下引化對方左手，右手掤對方右手上領化力。對方力大速猛，我左腳退一步配合化解對方之力。對方來勁落空欲變，我順其勢右手拿其右腕，左手接其右肘，兩手合力向右下採挒。同時身體右轉與手形成合力，周身之勁成一家，左腳也可擺擊對方腰部。

在散手中，對方雙手上下齊攻，且力大速猛，我左手勾掛，右手上撐化解對方勁力。若對方欲退，我右手翻轉採拿其手腕，用左手或左腳擊打對方右肋部。

若對方從後側進身摟抱，我則以左腳向後插襠，右臂上撐，身體下蓄化解摟抱，用左勾手向後點擊對方襠、腹部。

若對方從右後側向我打來，我身右轉，以右手自下向上掤其手臂，與左手合力採挒，或用左手擊打對方軀幹部。

【歌訣】：

退步跨虎敵勁空，雙臂左右活似龍。

上撐下領勁蓄滿，借人之力順勢變。

追風趕月不放鬆，旋胯轉身把敵扔。

身活腰正頂虛領，太極陰陽理義明。

第七十式　雙擺腳

左胯鬆沉，左腳全腳掌著地；右腳向左上踢再向右擺腿；同時，兩掌向左下拍擊右腳外側，先後兩聲脆響，錯落有致。面向南（圖3-4-194）。

【說明】：

第五十八式以右腳擺擊左手稱「單擺腳」，此式以右腳擺擊左右手而直取其名，又名「雙擺蓮」。練習時注意手腳的配合，手相對於腳擺的反方向移動起到平衡的作用，要求用腳向上擺擊雙掌，即擺腿要高。

【用法】：

在推手時，可以與跨虎式連用，即我雙手掤對方右臂時，用右腳擺擊其右肋部。

在散手中，對方手持短器械向我迎面擊來，我則以右腳從側面擺擊對方手腕部，同時以雙掌護使出奇制勝。對方以

圖3-4-194

圖 3-4-195

圖 3-4-196

拳迎面打來，距離適合也可用此法。

第七十一式　搬弓射虎

1. 右腳向右後落下，重心移右腿成右弓步；身體先右轉再左側；同時，兩掌隨身體向右下（圖3-4-195），兩掌變拳，再經小腹前至右膝上方外旋向前上置胸前，左前右後似吹嗽叭狀。面向南（圖3-4-196）。

2. 左胯後收；身體左側再右轉；同時，左拳上抬，向後繞右拳下向前變掌，右拳向下、向前（圖3-4-197）繞左拳前變掌向後上，兩手似拉弦開弓式。面向南（圖3-4-198）。

【說明】：

以敵喻虎以招式形象而名。注意身轉胯鬆，鬆肩墜肘，圓活自然，周身一家。

圖 3－4－197　　　　　　　圖 3－4－198

【用法】：

在推手時，對方右手接我右手，左手接我右肘用力擠按。我右臂滾旋內收，使對方落空，我以右肩擊打對方胸部（背折靠）。

在散手中，對方從左側揮拳打來，或右或左，我以左臂向上搬攔其臂向左後引化，以右拳擊打對方軀幹部。

若對方從後側進身來侵，我則向後進步進身，用右肩、肘打擊對方胸、腹部。

【歌訣】：

搬弓射虎背滾圓，搬攔肘靠技法全。

兩臂滾旋斜立圈，鬆胯落襠氣沉田。

扣弦搭箭弓張滿，前射猛虎顧後邊。

中正輕靈勁曲蓄，久練功成非等閑。

圖 3-4-199　　　　　　　圖 3-4-200

第七十二式　金剛三大對

兩拳變掌。其餘動作同第一式（圖 3-4-199、圖 3-4-200）。

收　勢

右腳向右後退步；左腳向後跟步；同時，右拳變掌，兩手向外分開（圖 3-4-201），過胯窩前向上、向內合於面前，再向下落於胯窩外側，還原成太極站樁勢。面向南（圖 3-4-202）。

【說明】：

和式太極拳起勢與收勢基本在同一位置，運行時應把握方位。收勢要氣沉丹田，清心靜氣。其餘要領與用法同太極站樁勢。

圖3－4－201　　　　　　　圖3－4－202

【歌訣】：

　　靜心收勢守真元，天人合一道自然。

　　太極陰陽貴在變，此消彼長宗一圓。

　　如環無端往復轉，開合動靜法無偏。

　　修身養性意延年，得傳久練返先天。

第 **4** 章

和式太極拳的推手

第一節　和式太極拳推手的功能

推手，俗稱搊手，又稱比手，亦稱擠手。20 世紀 20 年代後多稱為推手。

和式太極拳為拳架、推手、散手三者合一。拳架與技擊相一致，拳架為體，推手為用。走架行功時的要求在推手時也必須做到，如不貪不欠、守中用中、上下相隨、明三節六合、輕靈圓活等。推手是技擊的實踐，和式太極拳推手的主要功能有以下三方面。

一、檢驗拳架姿勢是否正確與實用

和式太極拳的拳架很好地保持了傳統的技擊實用性，拳架與用法相一致。拳架、推手、散手三者互可檢驗印證。走架時手腳運行不到位，勁路不圓轉，外三合不合，陰陽不明，虛實不分，在推手時勢必不能過勁化力，造成處處被動受制。

練拳是提高技擊、技法的根本途徑。透過推手的檢驗，

使拳架中出現的錯誤得到及時糾正。如果自己功夫層次不到，尚不能糾正拳架中的問題，一定要在老師指導下使拳架得以不斷完善。並由自己勤學苦練，使水準得到較快提升。

二、增進機體機能，熟練技術技法

和式太極拳的推手是由練拳向實戰過渡階段的訓練手段。它模擬實戰搏擊，是在不用護具的狀態下雙方以推手的方式、使用拳架中的著法進行實戰性訓練。雙方相互接手接肘，聽勁而動。步以活步上下步為基本步法。透過推手的實踐，可以更深刻實際地領會拳架中的陰陽轉換及內勁變化，提高知彼知己的能力。

在推手時，熟練掌握隨人而動、人剛我柔、要啥給啥、化勁借力這種太極拳特有的技擊方法。由嚴格有素的推手訓練，可以增進全身各器官的機能，鍛鍊中樞神經系統，提高綜合分析判斷能力和應變能力，使形體和意念合一。故和敬芝在《比手》中說：「天地之道，陰陽而已。陽屬剛，陰屬柔，二人比手亦然……二人交手之會千變萬化，要之以掤攦擠捺為大題，以身靈手敏為應變，進退轉側，剛柔相濟，捨己從人，相機進攻。彼以剛來，我以柔應，柔中寓剛，人所難防。悉心揣摩，臨敵制勝不難立見矣。」

三、切磋競技，提高興趣

推手又稱比手，顧名思義，就是比試技藝。太極拳在學習過程中，對拳架領悟的程度和盤架功夫的深淺及技擊水準高低，以及身體的靈敏度、速度、勁力等素質，透過推手可分高低。推手不需護具，不要特殊場地，不易傷害對方，溫

和文雅，體用兼備。推手既可實踐技擊技法，又能提高技擊水準，這是太極拳深受人們喜愛的原因之一。

第二節　和式太極拳推手的技法及要領

一、和式太極拳二十四法

和式太極拳不尚用固定的招法去練習技擊，要在雙人協調的推手運動中，尋找有利於自己的機勢，熟練運用上、中、下八法和各種勁別，上下其手，綜合使用，克敵制勝。

（一）上八法

掤、捋、擠、按、採、挒、肘、靠。

據《和氏老譜》記載，掤：「吾一隻胳膊掤他人兩手也。如敵人兩手捺我右胳膊，或右或左，我必須用如封似閉之勢將敵人剛勁引空，乘彼之勢，宜捺則捺之，宜縷則縷之。宜卸則卸之（我半身退下為卸），使彼自己落空，方為上策。」掤為應敵接手之法，掌握分寸，掤勁要有引領之意。

捋（又稱縷）：敵人以兩手捺我右胳膊之時，彼用勁太大，手足齊進。我用如封似閉將彼勁引空後，乘勢將彼右半身下卸之際，即用我右手搭在彼之大胳膊上；吾兩手齊往右邊引之，使彼落空，彼勢不便前進，必須半身下卸。

擠：敵人半身下卸之時，我以小胳膊擊之是也。

捺：（即按）：我以小胳膊擊敵之時，彼將我胳膊引空，我不能前進，勢必半身下卸。值此之際，彼亦能乘勢捺

我，我亦能相機捋彼也。

採：即折也，如採摘花果。以兩手或拇指與食指、中指形成合力反關節制敵。採要巧，採前要輕，採時要快。

挒：即扭轉，轉折之意。兩臂在對方關節處加一方向相反之力，以創傷對方關節。

肘：即屈前臂以肘擊人。肘為近身打法，肘還有保護兩脇的功用。

靠：以肩膀擊為靠。靠為貼身打法，用靠擊敵，周身要協調靈活，不可貪。靠法中還有背靠、胯靠、臀靠等。

（二）中八法（又稱身八法）

身體的縱橫、高低、進退、反側調整自己重心。身法以中平為宜，以正直為妙，與三節相宜（詳見《九要論》第八）。

（三）下八法（又稱腿八法）

套、勾、纏、掃、踢、蹬、插、膝（跪、頂）制其下（詳見腿法）。以上二十四法能完全貫穿融合於和式太極拳的套路招法中，充分顯示出和式太極拳三合一的特點。在得機得勢擊敵時，綜合運用，三盤其手，克敵制勝。

二、和式太極拳推手的要領

（一）以靜制動，因人取勢

和式太極拳推手時要求沉著冷靜，身體保持虛靈狀態。以靜待動，靜觀其變，知己知彼，從容應對，才能辨明對方

的來勢與意圖。對方來勢凶猛，要避其鋒芒，順勢引之，再乘其虛、蹈其隙而擊之。沉著冷靜不至於心慌意亂，手足無措而顧此失彼。

（二）沾連黏隨，差米填豆

和式太極拳推手時要求：沾連黏隨是必須掌握的技法。沾是手與手相沾。和式太極拳推手是接手接肘，彼此變化中看手看肘。黏如膠漆之黏，使人已沾我之手不能使其離去。連是接觸點不脫離。隨是因人之勢以為進退。沾連黏隨的基礎是輕、靈、活。它的功能是問勁、聽勁，因勢利導，我順人背。

「差一粒米填一顆豆」是和式太極拳在教學時的口語，是指導推手時掌握勁力大小、速度快慢的原則，是沾連黏隨的方法。在交手時，只有我力我意在先才能「走」，能走則不頂，能「黏」住不使敵脫離則不丟。黏如何能使人背我順，回答是：「差一粒米填一顆豆。」在因人之勢以為進退時，給對方一點勁力，敷布於對方身上，使對方處於我勁的控制之中。此勁不可大，大則易為人用，亦不可小，小則不能連隨。

此勁相對彼之勁恰如「米與豆」之比。此勁力的要領能熟練掌握，運用恰當，是問勁、引勁、聽勁之法。給彼勁若走化，必有陰陽虛實變化，我則趁勢探尋對方重心，控制對方，使其被動挨打。給彼勁若無知覺或硬頂，我則因勢而擊之。「差一粒米填一顆豆」是「彼有力，我也有力，我力在先；彼無力，我亦有力，我意仍在先」及「彼不動，己不動；彼微動，己先動；彼已動，己先至」等理論生動而形象

的說法，通俗易懂，哲理深奧。

（三）要啥給啥，吃啥還啥

和式太極拳推手時要求要啥給啥，吃啥還啥。要啥給啥，吃啥還啥是用生活中的語言形象化地說明推手中捨己從人、化打合一的技法原理。

要啥給啥，是人剛我柔、以柔克剛的技擊原則。在推手中，對方用剛猛之力擊打或拿我身體的某部位，我把這部分給對方。「給」是順對方之勢不頂抗，使對方作用在我身上的力一瞬間化於無形。即擊到何處何處空，無處受力。給是從人，但給不是單純地給，如果要了就給，那就成了任人擺布、任人擊打的狀態，那麼，太極拳就不成為以柔克剛，後發先至，四兩撥千斤的拳術了。

「給」是為了「要」，從人是為了由己。在給的過程中，能形成一個不受力的瞬間，彼之勁力勢必落空。能把握這一稍縱即逝的機會，那就達到了由己的目的。

能由己就是得機得勢，不假思索，只需按照拳架走圓行弧，可迅速改變對方力的方向。對方之力與我的旋轉之圓形成一個夾角，我受力之大小與夾角的大小成正此。使夾角變小的關鍵有二：

一是輕，輕則聽勁準確，輕則靈。稍有力至我則自如旋轉，使彼力與我身受力點形成最小夾角，使我與彼勁接觸點處於化力打力的最佳位置。

二是接入彼勁之後行圓要小。圓越小，受力點就少，反擊速度越快，這是太極拳的後發先至的技巧，即吃啥還啥。正如拳論中說：「自己安排得好，人一挨我，我不動彼絲

毫，趁勢而入接定彼勁，彼自跌出。」及「於彼勁將出未發之際，我勁已接入彼勁，恰好不先不後，如皮燃火，如泉湧出」。

能熟練掌握這些技法，走化就很省力，就可以達到以順避逆、以柔克剛、四兩撥千斤的效果。四兩撥千斤之妙看似神奇，其實符合力學原理。

功夫紮實、內勁充沛是以柔克剛的必備因素。功夫充足，在「給」的瞬間能保持自己重心穩定，周身順遂，隨其勢曲而旋化蓄勁，引其過與不及，在陰陽未分的瞬間而擊之。拳論說：「借法容易上法難，還是上法最為先。」上是能上去擊打。化力借力是方法，乘隙擊打是目的。

打法較借法更重要，也較借法難度更大，在與敵對抗時，如果自身有一處不協調，一個環節不到位，就會影響技擊效果。如果拳架不規矩，功夫不足，即使可以「給」，但給的同時自己方寸已亂，又如何把握時機，從容應變，實現借力打人。

太極拳的技法奧妙無窮，傳授高、功夫足是登堂入室的階梯。拳諺說：「一層功夫一層理，一層功夫一層技。」由捨己從人到從人由己及至隨心所欲，要因勢應變，圓切線使彼落空，身旋氣轉離心拋擲，內勁圓轉鬆活彈發，敵人雖強，不足為慮。望學者細心體悟，循序漸進。

第三節　和式太極拳勁別之運用

太極拳的技擊尚勁不尚力，更強調絲毫不用拙力，著重運用內勁。何為內勁？即透過盤架練成之活力，即丹田之氣

力。力與勁不可截然分開，但有區別。

概而言之，力方而勁圓，力滯而勁暢，力遲而勁速，力散而勁整，力浮而勁沉，力鈍而勁銳。直力顯而橫勁穩，虛力剛而實勁柔。通過太極拳盤架子後，由丹田轉化發出的為勁，太極勁靈捷無形。手到勁發，未中之前無勁，即中之後無勁，只在中敵剎那間發勁，疾如閃電，一發便收，斂氣凝神，毫不費力。正確用勁，是太極拳技擊之關鍵。

茲將太極拳中主要勁別分述如下：

一、懂　勁

懂勁是太極拳鍛鍊過程中極重要的一步。初步要認真懂得掤、捋、擠、按等外體運動之勁，再逐步懂得層層之內勁。拳諺曰：「一層功夫一層理。」懂勁和其他內勁相互依存。如聽勁準確，才能懂敵人之勁，運用自身之勁。若不懂勁，易犯頂、扁、丟、抗等病。若似懂非懂，易犯斷結、俯仰等病。

真正懂勁後能衡量敵之勁，由尺而寸而分毫，於是能做到一羽不能加，蠅蟲不能落，其入則開，過出則合，看來則讓，就去則發，隨敵變化不著形，無往不宜。不必顧盼擬合，信手而應，縱橫前後，得心應手。

二、聽　勁

聽勁並非用耳，實以皮膚之觸覺，主要是手去感知敵勁，為此，非掌握沾黏勁不可。能沾黏才能聽，能聽才能懂勁。聽敵勁之變化關鍵在於手，在周身相隨，斂氣凝神，做到鬆、柔、沉、靜、穩，否則不能準確地聽敵之勁。

三、沾黏勁

此勁為太極拳基本之勁，主守，即不丟之勁。敵進我走，敵退我隨，敵沉我鬆，自手背而肩、胸、背及周身，均能黏住敵人。沾黏勁為太極拳初步功夫的收穫。此勁不通亦不足論其他勁。

四、走　勁

沾黏勁主要是不丟，走勁則意在不頂，即走避敵勁，不與相抗。我感某部位受力，該部位立即變虛。如遇偏重則鬆之，遇雙重則偏沉之，務求取敵力不稍抵抗，使敵處於落空。所謂左重則右虛，右重則左杳即此。

初時非遇大敵不走，則是尚有抵抗之意，非真正懂敵勁後之走勁。走勁之樞紐與各種內勁一樣，全在周身相隨，勁發丹田最為重要。

五、化　勁

不丟不頂始能言化。化勁中須略含掤勁，機樞在腰、胯而不在手，其要點在我順敵背。須要有往復折疊和進退轉換，使敵無從知曉我之勁路，從而使對方處於背勢的境地。勁不可化盡，化盡則我沾黏勁易斷。又不可過早或過遲，過早無所化，過遲敵勁已著，化亦無益。

運用化勁最恰當的時機是敵勁將出而未全出、將至而未全至之際。化之得勢，發之才有力，隨化隨分，守即是攻，方得化之真諦。否則，徒化不發，何由勝敵。

六、引　勁

此勁在化、拿之間。敵不動，我用虛著將敵勁引出，敵已動，我以沾黏勁引其就我範圍。拳理曰：「進之則愈長，退之則愈促。」敵向我攻來，我引之愈長，則發之愈得勢。關鍵在於將敵勁化之將盡未盡，處於極度背勢。引勁非僅僅用手，是以周身相隨為得力。

七、拿　勁

拿在發先，拿準確發勁才能擊中。所謂拿勁，即使敵勁中斷而發。運用拿勁須動作靈敏，否則易被人覺而被化。重在拿敵之腕、肘、肩等活節，自身須保持重心平穩，與敵貼近才能使用拿勁，故有拿人不過膝之稱。

雙手拿人稱之「衡物」，重則秤錘外移，輕則內移，務要高低輕重相等，勿失其衡。拿勁樞紐在於腰、胯和周身相隨。

八、發　勁

發勁為太極拳攻敵之內勁。發勁種類甚多，如長勁、截勁、寸勁、分勁、冷勁、斷勁、抖跳勁等都是技擊勝敵之勁。化敵之勁若不能發，則終必被敵所乘。這是指出掌握發勁之極端重要。功深者，出手使敵立仆，以免勞神費力。

發勁需制敵之根，拿人發人先制其根。全身腿為根節，身為中節，頭為梢節；上部肩為根節，膊為中節，手為梢節；下部胯為根節，腿為中節，足為梢節。各節明確是取勝的關鍵。

發勁必須審明機勢、方向和時間，三者缺一不可。機勢即我順敵背，對方重心偏離。方向即無論上下左右正隅，均須向敵背向發勁。時間即對方舊勁已完，新勁未生之際最為恰當，三者俱全發人如彈丸，無往而制。發勁如放箭，曲中求直，直達指端。此時發者自覺並未用勁，受者愈覺其猛。反之，我愈覺用勁，受者反不覺其力重。其原因即同一發勁，前者暢達，後者停滯。

因此，發勁時必須斂氣凝神，周身相隨，勁發丹田，氣貼脊背而貫於肢體，目注對方，勿存疑慮之心。如此發勁方得太極拳發勁之妙諦。

九、借　勁

借勁為上乘之發勁。其特點不煩引拿，只含少許化勁，隨到隨發，不假思索。乘人之勢，借人之力，疾如閃電，快如流星，敵來亦去，敵不來亦去。敵力愈大其受挫愈重，四兩撥千斤之原則於借勁中體現最深。功深者敵任何部位之力均可借，我任何部位之勁均可發。

借勁發人必須周身相隨，勁發丹田。借勁之時機尤為重要，是在敵勁將發出而未全出，或將到而未全到的一剎那間。過早敵勁未出，過遲敵勁已著，借又何益。

十、開　勁

化為開。開展之勁以誘敵深入，開於適當時機即發勁，否則勁已斷而失其用。開勁是運用以退以攻的戰略，重在周身相隨，否則非太極拳之技擊法。

十一、合 勁

合勁與開勁相反，敵來則開，敵去則合。開為陽，合為陰，一陰一陽之為道是哲理與拳理的妙用。開勁方而合勁圓，合勁有緊湊之意，須周身相隨，發敵之焦點，而收到無堅不摧之效。氣合則凝，勁合則剛，合勁之用在此。

十二、提 勁

是提上拔高之勁。即用沾黏勁拔敵之根，使敵失去重心。提的方法全在腰腿，樁步須穩，丹田氣跟，上步進身用丹田勁向上沾提，方向、身法和步法處處與對方湊合，方能見效。提之得勢加以引，引進落空合即出，其意即此。

十三、沉 勁

沉勁為極猛之發勁。沉與重不同，其勁似鬆非鬆，似緊非緊。初學者對沉、重、輕、浮最需辨清。雙重為病，因其填實而致氣閉力呆；雙沉不為病，因其活潑能變；雙浮為病，因其飄渺；雙輕不為病，因其自然輕靈；半輕半重不為病，偏輕偏重則為病。

因前者有著落，勁不出方圓，後者因其偏而失去著落，勁也失去方圓。半沉半浮失於不及，偏沉偏浮又失於太過；半重偏重病在滯而不在進；半輕偏輕病在靈而不在圓；半沉偏沉病在虛而不在實；半浮偏浮病在空而不在圓。雙輕不進於浮是為輕靈；雙沉不進於重是為離虛，此二者為最好。果能深刻體會此意，則沉勁之妙始得。

十四、掤　勁

掤勁在推手中最為重要。無論左旋右轉，前進後退，此勁均不可丟。須要周身相隨，前臂旋轉滾動，使敵力偏向斜方，而不能攻入，此為防守。若欲發敵，須先往後向下引勁，使敵勁出而重心偏，再借其勁而掤之。掤之著點以人活節為佳，使其不易滑脫。掤之適當時機，急需發勁進擊，否則雖掤何益。

十五、捋　勁

捋勁是在不失掤勁的基礎上將敵勁後引作橫向運動，使敵重心前仆，跌向我身後方。敵用擠勁攻我時或敵防發勁而致後跌，其重心前傾時，我均可乘其勢而引捋之，則敵之攻勢及計謀處於無用。捋之初我之腰腿應略上升，捋至胸前我順人背時，乃轉動腰胯而捋發之。順應敵動方向，略施膊提之力，方能手到成功。

十六、擠　勁

以前臂技擊人身，有壓迫之意。用初掤之勁不足，將敵擠住，使之失去運化之餘地。擠勁可用敵捋勁之際，須故意使敵捋足，然後我變擠擠之，擠勁方足。擠勁之關鍵在於腿部前弓和腰部發勁，兩者須同時進行，姿勢須圓滿，勿生棱角。

十七、按　勁

單手或雙手下按，並向己身後牽引是為按勁。其動作為

由前往後之立圓。手足相應，順步順勢，使雙足有離地之感。此時即向橫斜方向引勁，我須頂懸心身，周身相隨，氣沉丹田按之。

按勁的使用不可太連，太連則易被對方借勁。忌上身前仆，前仆則易被對方捋出。按勁中亦分按勁、沉勁、截勁等，要在學者熟練後用之。

十八、採　勁

兩手一股勁前推，一股勁後拉或一上一下用勁。如採花摘果之態。採勁是推手中擒拿手法之基礎，多旋於敵手指、手腕及肘部。敵前仆時，先下沉使敵有反抗之意，隨即吃準力點猛然採下，發勁俐落。採人只採一邊，方可使敵重心偏向一邊。如採兩邊則反被敵借勁而不能使敵失去重心。採勁需用腰腿勁，以意氣為重要。

十九、挒　勁

用於我勢背之時，與捋勁成相反方向。敵使我背後仰，我即用掤勁，使己勢轉順，則敵勢轉背而後仰。其按法即一手按敵臂，另一手以手背挒其之際，即可使之後仰、傾跌，旋挒勁時，與敵距離貼近，並使用腰腿勁方能奏效。連化帶打，旋轉挒擊，敵亦隨之旋轉跌出。用時防己內門空隙，避免敵人乘虛而入。

二十、肘　勁

用肘擊敵之勁。其勢甚猛，用之與敵貼近，用手不得勢之際，直攻敵人胸肋等部位。發此勁時最應與膝合，周身相

隨，氣發丹田。自己身體要端正，虛實分清。若捨此要領，用時不得其法，則易被借勢，須慎之。

二十一、靠　勁

以膀擊人者為靠勁。靠分迎門、貼身、背折、七寸等。前三者均以膀擊胸部，左右皆可用，均為單一用法。七寸靠周身相隨、勁發丹田方能成勢。用肩膀靠人時，另手須保護而施靠，使手臂策應，以防不測。

二十二、截　勁

此為剛勁，周身各節均可發此勁。其運用之法，即在引人落空、將知而不能變化之際，我以此勁對其中心發之。發出時有弧線形或直線形兩種，隨勢應用，也以腰勁加意、氣發之。此勁勢速而促，故被擊之人跌勢亦猛。

二十三、鑽　勁

又名入勁。發時如鑽入木，旋轉而去，其勁猛勇，可破敵之內功，傷敵肺腑。多用指拳發之，於觸擊敵皮膚時發出，此勁需用丹田勁發出方有效。

二十四、凌空勁

此勁係精神作用，藝高者口中一「哈」，敵人即雙足離地而後退。但被發者必先明沾黏勁等，故聞哈聲即生感覺而後退。

在太極拳技擊中，哼哈二氣之運用有幫助蓄勁、吐勁之運用。若脫離精神、物質而去凌空勁擊人，則事屬玄虛。

第四節　和式太極拳推手動作圖解

　　左面站立者為甲方，右面站立者和東升為陪練，作乙方。

　　甲乙二人相對面立，相距約為一臂（圖4-4-1）。

　　乙方右腳向前上步；右掌隨右腳上步向前伸出，俗稱「攏門」。甲方左腳上步，置於乙方右腳外側；同時右手接乙方右手，左手接乙方右肘，成金剛三大對接手接肘式，俗稱「叫門」。乙方左手接甲方左手，甲乙雙方手背相貼，聽勁而動（圖4-4-2）。

　　乙方向前掤擠甲方。甲方右胯鬆沉，兩手分別看乙方手、肘，順勢捋化來勁（圖4-4-3）。

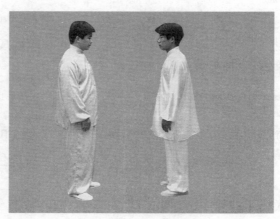

圖4-4-1

圖 4-4-2

圖 4-4-3

　　乙方勁力落空後，側身右腳卸步。甲方順勢側身上步擠
按。乙方用如封似閉式引化甲方勁力。雙方相互手肘相黏，
甲方右腳上步，置於乙方左腳內側（圖4-4-4）。

圖 4－4－4

圖 4－4－5

　　甲方趁勢擠按，乙方順勢引化。甲方勁力落空後側身卸步，並用手臂向上引化乙方勁力，相互看手看肘（圖 4-4-5）。

　　乙方右腳上步置甲方左腳內側。甲方左胯鬆沉，用左手

圖 4-4-6

圖 4-4-7

看乙方左手、右肘，右手向左外送出乙方右手（圖 4-4-6）。

雙方左手背相貼。甲方送出乙方右手後，立即用右手接乙方左肘，乙方右手向上接甲方左肘並擠按（圖 4-4-7）。

圖 4－4－8

圖 4－4－9

　　雙方左手背相黏。甲方用右手接乙方右手後，用如封似閉式引化乙方勁力（圖4-4-8）。

　　乙方右胯後收，用左手向右外送出甲方左手後按其右肘；右手看甲方右手並擠按（圖4-4-9）。

圖 4-4-10

　　甲方左手向上接乙方右肘向右捋化。乙方左手向上接甲方右手（圖 4-4-10），還原為擺門式。如此循環不斷，左右往復即為和式太極拳的推手方法。

　　推手時要注意接手接肘，看手看肘，送手送肘。雙方右手與右手相黏接，左手與左手相黏接，均以手背相連。送手後相互之間左手接右肘，右手接左肘。接肘時以掌指敷貼對方肘關節。步法為上下步，又稱活步或順步上下步。擺門、叫門甲方上左步，乙方上右步。運行中乙卸右步，甲上右步，甲卸右步，乙上右步，進退往復。

　　正如和敬芝在《比手》一文中說：「掤與捋是應敵之方，擠與按皆擊敵之用。彼掤我，我捋之，彼按我，反按之，彼捋我，我擠之，彼擠我，我捋之。我若反而用之，彼亦反而用之，藕斷絲不斷，變化不測，循環不已……要之以掤捋擠按為大題，以身靈手敏為應變，進退轉側，剛柔相濟，捨己從人，相機進攻，彼以剛來，我從柔應，柔中寓

剛，人反難防。」

第五節　和式太極　拳推手用法示例

陪練者為陳志明，作甲方。

一、起　勢

甲方用雙手握拿乙方手腕，乙方兩手由外向內滾纏對方手臂化解其拿時，順勢向前發放甲方（圖 4-5-1、圖 4-5-2、圖 4-5-3）。

二、金剛三大對

（1）甲方右腳上步，用右手（或掌或拳）向乙面部或胸部擊打。乙雙手接其手、肘，並用左腳進步控制對方右腳。若甲方欲退，乙用掤勁順勢將甲發出（圖 4-5-4、圖 4-

圖 4-5-1.

圖 4-5-2

圖 4-5-3

圖 4-5-4

圖 4-5-5

圖 4-5-6

5-5）。

（2）甲方用右手、肘進攻乙。乙則右胯鬆沉，腰軸右轉，兩手黏隨甲方右臂向右後将，使甲方來力落空倒地（圖4-5-6、圖4-5-7）。

圖 4-5-7

圖 4-5-8

圖 4-5-9

（3）甲方落空欲退。乙黏隨甲方並用左手及前臂擠擊
（圖4-5-8）。

（4）對方側身並後坐走化來力。我則順勢雙手合力按
擊（圖4-5-9、圖4-5-10）。

圖 4-5-10

圖 4-5-11

圖 4-5-12

三、懶扎衣

乙右手接甲方右手引化時，甲方以右肘擊乙。乙左手順勢向順時針方向裏纏走化，並兩掌合力採甲右臂（圖 4-5-11、圖 4-5-12）。

圖 4–5–13　　　　　　　　圖 4–5–14

　　甲方兩手採乙右臂，乙順勢抬肘走化，並用左掌向下翻旋按擊（圖 4–5–13、圖 4–5–14）。

四、白鶴亮翅

　　甲方右手看乙右手，左手看乙右肘進步推按。乙兩臂放鬆，左腳向後撤步化力，並順勢捋甲（圖 4–5–15、圖 4–5–16）。

　　乙右手搭甲右手，左手看其右肘，擠按對方。若甲走化乙則順勢掤之（圖 4–5–17）。

五、斜　行

　　（1）甲右手握拿乙右

圖 4–5–15

圖 4-5-16

圖 4-5-17

圖 4-5-18

圖 4-5-19

腕，左手裹纏乙右肘。乙以左手按壓甲右手指，右掌上旋扣甲右手腕，右肘內旋；左手與右手形成合力向外旋壓，反其腕關節（圖4-5-18、圖4-5-19）。

圖 4-5-20

圖 4-5-21

　　（2）甲左手握乙左手，右手臂纏乙左肘，合力採搾。乙左肩放鬆，肘內收引化，同時，左腿向左上步套甲雙腳。甲失重欲退，乙身體左轉以肩肘擊甲（圖4-5-20、圖4-5-21、圖4-5-22）。

六、伏　虎

圖 4-5-22

　　甲從背後摟抱乙雙臂和身體。乙兩臂上掤，身體蓄沉解其摟抱，兩臂上掤時，兩手扣甲雙手腕；鬆胯，身體右轉，使甲從右前跌出（圖4-5-23、圖4-5-24、圖4-5-25）。

圖 4－5－23

圖 4－5－24

圖 4－5－25

圖 4－5－26

七、倒攆猴

乙左手黏引甲左手，右手向內、向下裏纏甲左臂；同時右腳跟向後上撩甲小腿，以斷其根，上下合力使甲仆倒（圖4-5-26、圖4-5-27）。

圖 4－5－27

圖 4－5－28

八、閃通背

甲用右手（拳或掌）迎面擊乙。乙右手黏接甲手腕引化，左手接甲右肘裏纏右臂；同時右腳撤步，身體右轉，向右前閃摔，使甲仆倒（圖4-5-28、圖4-5-29）。

圖 4－5－29

九、高探馬

（1）乙右手送出甲右手，左手接甲左手，左前臂搭甲右肘部，上步擠按，使其向後倒地（4-5-30、圖4-5-31、圖4-5-32）。

（2）乙右手送出甲右手，左手接甲左手，左前臂搭甲右肘部擠按；甲順勁走化時，乙兩手合勁向左前捯按甲左

圖 4-5-30

圖 4-5-31

圖 4-5-32

圖 4-5-33

臂，並用左腳勾甲右腳，上下合力使其側倒（圖4-5-33）。

圖 4−5−34

圖 4−5−35

十、野馬分鬃

甲採挒乙右臂，乙旋肘
走化，並順勢右腳進步插
襠，右臂外展發放甲。甲順
勢走化乙勁；乙右手臂順其
勢以肘擊甲。甲向右上挒乙
右臂走化肘擊；乙順勢向右
轉身，兩手合力向右側發甲
（圖 4−5−34、圖 4−5−35、
圖 4−5−36）。

圖 4−5−36

第 **5** 章

和氏家傳老譜點注

　　由於歷史原因，和氏老譜的原件因時間久遠，已部分毀壞或散失在外。後由我父親根據家傳及自幼所見所聞，挖掘、整理並手輯了部分拳論。我在編著本書時，據父珍藏的老譜及所輯拳論，進一步考析求證後編輯成冊，並重點注釋。

一、太極拳要論❶
和兆元著

　　溟溟混沌，窺窘莫測，虛而無象，焉知其極，故曰無極。即曰由無極而生，須明無極之義。自無而有，一氣動蕩，虛無開合，化生於一。渾圓廓象，陰陽感如，喻而名之，是為太極。故曰：若論先天一事無，後開方要著功夫❷。太極者，為萬物初始也。太極為渾圓之一氣，懷陰陽之合聚。此氣動而陰陽分，此氣靜而陰陽合。動靜有機，陰陽知變。太極陰陽之理貫串於拳勢之中，有剛柔之義，順背之謂，屈伸之分，過與不及之謬也。習者與人相搏，須隨其勢曲而旋化蓄勁，引其過與不及而擊之。擊伸發勁以直達疾

速，此圓化為方之義。彼剛攻而以柔應，此謂走化；彼欲抽身以黏纏，緩隨急應；彼莫測而膽寒，虛實互換，彼崩潰而心驚。理用俱明，方悟勁之區別，熟而生巧，漸能隨心所欲。故曰：知己知彼，百戰不殆。

虛領頂勁，氣沉丹田，實拳法之內功也。行功時，寅時❸面南，鬆身神凝；吐納自然，撮抵橋通；陰陽和合，攢簇❹五行；子午卯酉❺，朔望漾應❻；縝而密之，久行功成。人身中者不偏，二脈❼隱於身內，氣暢無須倚，氣行現心意。渾圓一漾而貫全身，虛感之物而寓靈動。擊左左空，擊右右空，如充氣而圓，無處受力；似簧機受壓、反彈隨勢，壓力重而彈愈強，力之沉而空愈深。

武技之道門派各異，惟內家者勢別勁異，渾身一氣如輪子圓活，虛實轉換旋化隨勢。不明此者，久難運化，堂室難窺。

理技相合，太極真諦，習者不可不詳細揣摩焉。若理能守規，久恆自成也。

點注：

❶據傳為和兆元著。

❷太極之理是具有廣泛意義的哲理。太極拳用陰陽之理結合人體來指導規範拳架動作，使太極之理與拳架相融合，通過後天正確的鍛鍊，從而掌握太極拳的體用。

❸早上 3～5 時。

❹聚攏、聚集。

❺四正時。子時為夜 11～1 時。以每日十二時辰與陰陽合序，子時為一陽復始，陰極陽萌之時。午時為白天 11～1 時，一

陰來朝，陽極陰生之時。卯時為早5～7時，三陽開泰，陽氣旺盛之際。酉時為下午5～7時，陰氣正旺，轉收藏之象。四正時練功，先天陰陽與後天陰陽互補，天人合一，練功效果最佳。

❻朔日為農曆每月初一，望日為農曆每月十五。初一至十五為陽氣上升，十五月滿。練功順應天時，對人體陰陽平衡有一定作用。

❼任、督二脈。

二、九要論❶

一 要 論

從來散之必有其統，分之必有其合也。故天壤間四面八方，紛紛者各有所屬，千頭萬緒，攘攘者自有所源。蓋一本可散為萬殊，而萬殊成歸於一本，事非有必然者也。且武事之論，亦甚繁矣，而要之千變萬化，無往非勢，即無往非氣，勢雖類，而氣歸於一。夫所為一者，頭上至足底，內有臟腑筋骨，而外有肌肉皮膚，五官百骸相聯，而為一貫者也。破之而不開，撞之而不散，上欲動，而下者遂之，下欲動，而上自領之，上下動，而中節攻之，中節動而上下和之，內外相聯，前後相續，所謂一以貫之者。其斯之謂歟，而要非勉強以致襲也。而為當時而靜，寂然堪然，居其所而穩如山岳。當時而動，如雷如塌，出乎爾，而疾如閃電。且靜如不靜，表裡上下全無參差牽掛之意。動之不動，左右前後，並無抽扯游移之形。洵乎若水之就下，沛然而莫之能

御，若火機之內政，發之而不及掩耳，不假思索，不煩擬議，誠不期然而然莫之致而至，是豈無所至而云爾乎。蓋氣以日積而有益，功以久練而乃成。觀聖人問一以貫之傳，心俟多聞強識之後，豁然之境，不費格物致知之功，始知事無難易。功惟自進不躐等，不須急，遂按步就緒，循次而進，然後官骸肢節，自有通貫，上下表裡不難聯絡。庶乎散之通之也，分者合之也，四體百骸終歸於一氣而已矣。

二 要 論

天地間未有一往而不返者也，亦未嘗有直而不曲者也。蓋物有對待，勢有回還，今古不易之理也。常有世之論捶者，而兼論氣。夫氣主於一，何分為二？所謂二者，即呼吸也，呼吸即陰陽也。捶不能無動靜，氣不能無呼吸。吸則為陰，呼則為陽，主於靜者為陰，主於動者為陽，上升為陽，下降為陰，陰氣上行而為陽，陽氣下行而為陰，陰氣上升而為陽，陰氣下行而仍為陰，此陰陽所以分也。何為清濁？升而上者為清，降而下者為濁，清氣上升，濁氣下降，清者為陽，濁者為陰，而要之陽以滋陰，陰以滋陽。渾而言之，統為氣，分而言之則為陰陽。氣不能無陰陽，捶不能無動靜，口不能無呼吸，鼻不能無出入，而所為對待循環不易之理也。然則氣分為二，而實在於一。有志於斯者，甚勿以是為拘拘焉。

三 要 論

氣本諸身，而身之節無定數，何分為三？三節云者，上中下焉。以一身言之，頭為上節，身為中節，腿為下節。以

頭而言之，天庭為上節，鼻為中節，海底為下節。以中節言之，胸為梢節，腹為中節，丹田為根節。以下節言之，足為梢節，膝為中節，胯為根節。以肱言之，手為梢節，肘為中節，肩為根節。以手言之，指為梢節，掌為中節，掌根為根節。至於足則不必論矣。然則自頂至足莫不各有三節，要之既無非三節之所為，即無非著意之處。蓋上節不明，無依無宗，中節不明，渾身自空，下節不明，自家吃跌，豈可忽乎。至於氣之發動，皆自梢節起，中節遂之，根節催之，然此猶是節節而分言之也。若合而言之，上自頭頂，下至足底，四體百骸，總為一節，夫何三節之有哉，又何以三節之中各有三節云乎哉。

四 要 論

試於論身論氣，而進論於梢節。夫梢節云者，身之餘緒也。言身者初不及此，言氣者，亦所罕聞，論捶以由內而發外，氣以本身而達於梢。故氣之為用，不本諸身則虛而不實，不行諸身則實而仍虛。梢何可弗講，然此特身之梢，而猶未及手梢之梢也。四梢維何？髮其一也。夫髮之所繫，不列於五行，無關於四體似無足論矣。然髮為血之梢，血為氣之海，縱不必本論髮，以論氣要不能離乎血而生氣，不能離乎血及不得不兼乎髮。髮欲衝冠，血梢足矣。仰舌為肉梢，而肉為氣囊，氣不能行諸肉之梢，即無以沖其氣之量，故必舌欲催齒，而後肉梢足矣。至骨梢者齒也，筋梢者指甲也。氣生於骨而聯於筋，不及齒，即未及乎骨之梢。而欲血梢足者，要非齒欲斷筋，甲欲透骨不能也。果能如此則四梢足矣，豈復有虛而仍虛者也。

五要論

今夫拳以言勢，勢以言氣。人得五臟以成形，即由五臟而生氣。五臟實為性命之源，生氣之本，而名心肝脾肺腎也。心為火，而有炎上之象。肝為木，而有曲直之形。脾為土，而有敦厚之勢。肺為金，而有從革之能。腎為水，而有潤下之功。此及五臟之義。而有準之於氣者皆各有所配合者也。所以論武事者，皆不外乎斯也。其在內，胸膈為肺經之位，而為諸臟之華蓋，故肺經動，而諸臟不能靜。兩乳之中為心，而肺抱護之，肺之下胃之上心經之位也，心為君主，心火動而兩相火無不奉命矣。兩肋之下右為肝，左為脾，脊背十四節，為腎，此固五臟之位也。然五臟之系皆繫於背，背固為腎，至於腰則兩腎之本而為先天之第一，尤為諸臟之根源，故腎水足而金木水火土莫不各顯生機，此乃五臟之部位也。且夫五臟存乎內者，各有其定位，至於身者亦有其專屬。領頂腦骨皆腎也，兩耳亦為腎。兩唇兩腮皆脾也，兩鬢則為肺。天庭為六陽之首，而萃五臟精華，實為頭面之主腦，不啻一身之座纛矣。印堂者陽明胃氣之衡，天庭欲起，機由此達，生發之氣由腎達於六陽，實為天庭之機也。兩目為肝而究之，上包為脾，下包為胃，大角為心經，小角為腸，白則為肺，黑則為肝，瞳子為腎，實亦五臟之經所聚，而不得專為肝也。鼻孔為肺，兩顴為腎，耳門之前為膽經，耳後之高骨亦為腎也。鼻居中央之地，而為土，萬物之生源，實乃中氣之主也。人中為血氣之會，上沖印堂達於天庭，亦至要之所，兩唇之下為承漿，承漿之下為地閣，上與天庭相應，亦腎經位也。頰下為頸項者，五臟之道途也，氣

血總會之，前為食物出入之道，後為腎氣升降之途，肝氣由之而右旋，脾氣由之而左旋，其繫更重，而為周身之要領，兩乳為肝，肩俞為肺，兩肘為腎，四肢屬脾，兩肩背膊為脾，而十指則為心肝脾肺腎矣。膝與脛皆腎也，兩腳跟為腎之要，湧泉為腎穴也。大約身之所繫，心者為心窩也，胸膈為肺，骨之露處皆為腎，筋之聯處皆為肝，肉之厚處皆為脾。象其意，心為猛虎，肝為箭，脾其力大甚無窮，肝經之位最靈變，腎氣一動快如風，其為用也。用其經舉，凡所屬於某經者，經不能無意焉。是在當局者自為體驗，而非筆墨所罄也。至於生剋制化，雖有另論，而執其要領，自能統會。究之，五行百骸總為一元，四體三心合為一氣，奚必沾沾某一經絡節節而為之哉。

六 要 論

心與意合，氣與力合，筋與骨合，內三合也；手與足合，肩與胯合，肘與膝合，外三合也；此為六合。左手與右足相合，左肘與右膝相合，左肩與右胯相合。右之與左亦然。以及頭與手合，手與身合，身與步合，孰非外合。心與眼合，肝與筋合，脾與肉合，肺與身合，腎與骨合，孰非內合。豈惟六合而已哉！然此特分而言之也。總之，一動而無不動，一合而無不合，五行百骸悉在其中矣。

七 要 論

頭為六陽之首，而為周身之主，五官百骸莫不本此為向背，故頭不可不進也。手為先行，根基在膊，膊不進而手腳不可前進矣。氣聚諸腕，機關在腰，腰不進而氣餒不實矣，

此所以腰貴於進也。意貫周身，運動在步，步不進而意則索然無能也，此所以步必取其進也。以及上右必須進左，上左必須進右，共為七進。孰非所以著力之地歟。而要之未及其進合周身，而毫無關動之意。一言其進，統全體而俱無抽扯之形也。

八 要 論

身法維何？縱橫高低進退反側而已。縱則放其勢，一往而不返。橫則裹其力，開拓而莫阻。高則揚其身，而身若有增長之意。低則抑其身，而身若有攢促之形。當進則進，殫其力而勇往直沖，當退則退，凌其氣而回轉挾勢。至於反身顧後，後即前也，側顧左右，左右豈敢當我哉。要非拘拘焉為之也。察乎人之強弱，運乎己之機關，有忽縱而忽退，縱橫因勢為變遷。不可一概而推之，有忽高而忽低，隨時轉移，不執一而論，時而宜進故不可退以餒其氣，時而宜退，即以退而鼓其進，是進固進也，及退而實以助其進。若反顧後，而後亦不覺其為後。側顧左右，而左右亦不覺其為左右矣。總之，機關在眼，變通在心，而握其要者則本諸身，諸身而前則四體不令而行矣。身而卻則百骸自莫冥然而處矣，身法豈可置而不論乎？

九 要 論

今夫五官百骸，主於動而實運以步，步乃一身之根基，運動之樞紐也。以故應戰對敵，本諸身而所以為身之底柱者，莫非步。隨機應變在於手，而所以為手之轉移者，亦在步。進退反側，非步何以鼓蕩之機。抑揚伸縮，非步無以為

宗。變化之妙，所以觀者眼，變化者在心，而所以轉彎抹角，千變萬化，而不至窘迫者何？莫非步為之司命，而要非勉強以致之也。動作出於無心，鼓蕩出於不覺，身欲動而步已為之周旋，手將動而步亦早為之迫催，不期然而已然。莫之驅而若驅，所謂上欲動而下自隨之，其斯之謂歟。且步分前後，有定位者步也，然而無定位者，亦為步。如前步進之後步隨之，前後自有定位矣。若前步作後步，後步作前步，更以前步作後步之前步，後步作前步之後步，則前後亦無定位矣。總之，拳以論勢，而握其要者為步。活與不活在於步，靈與不靈亦在於步。步之為用大矣哉。

附：第十要　剛柔論

夫拳術之為用，氣與勢而已。然氣有強弱，勢分剛柔。氣強者取乎勢之剛，氣弱者取諸勢之弱。剛則以千鈞力厄百鈞力，柔則以百鈞而破千鈞，必精巧而始能。此剛柔之所以分也。剛柔既判，而發用亦自有別。四肢發動，氣形諸外，而內持靜，重剛強之勢也。氣囫於內，而外現輕和柔軟之勢也。總之，用剛不可無柔，無柔則纏繞不速。用柔不可無剛，無剛則催逼不捷。必須剛柔並濟，則沾黏連隨，騰閃折空，掤捋擠按無不各得其自然矣。尤必初無間剛柔才能不偏，有志武術豈可忽耶。

點注：

❶ 九要為一理、二氣、三節、四梢、五行、六合、七進、八法、身法、九步。文中涉及理學、武學、醫學等領域，均以《易經》內容為順序闡述拳學。文中觀點有儒家理學派影響的痕跡。

作者不詳。《九要論》的內容與和式太極拳的基本要求一致。在趙堡拳界有東頭《九要》、西頭《十章》的說法。趙堡鎮又叫趙堡街，街為東西走向，和兆元宅居趙堡街東頭。《九要論》是和式拳的重要理論。《十章》也稱《十要》，即剛柔論，為另人增補，作者不詳。

三、太極拳體用總歌❶

一圓即太極❷
上下分兩儀❸
進退呈四象❹
開合是乾坤❺
出入綜坎離❻
領落錯震巽❼
迎抵推艮兌❽

點注：

❶本篇為和式家傳，作者不詳。以下簡稱《總歌》。《總歌》以人身及動作結合太極。杜元化著《太極拳正宗》（大展出版社印行）一書中有《總歌兼體用連聯解》，並解釋了練法與用法，認為《總歌》是太極拳的七層功夫。和氏老譜中的人身太極圖（和兆元繪）與《總歌》珠聯璧合，闡明了太極拳技理相合的真諦。

❷練拳之初，自然而立，平心靜氣，陰陽未分，虛而無象，稱為無極。太極為渾圓一氣，丹田為內氣之居，一氣動蕩，虛無

開合，動靜有機，陰陽知變，故稱「一圓即太極」。

❸太極生兩儀，兩儀指身體左右兩側。《和氏太極拳練法須知》說：「初練以鼻為中界，左右手各管半身。」要求左右先分出陰陽，陰重陽輕，陰降陽升，形成偏沉狀態。兩脇的生理結構只能上下運動。

❹身體的兩肩、兩胯即四大節為四象，與兩脇上下運動協調配合形成周身相隨、圓活緊湊的進退運動。進退分進極、半進、半退、退極，即半陰半陽，純陰純陽互為往來，轉換交易。

❺四象既出，八卦生也。人體一側的手足分別為乾坤，乾坤在八卦中定天地之位。《周易繫辭下傳》中說：「夫乾，天下之至健也，德性恆易以知險。夫坤，天下之至順也，德性恆簡以知阻。」乾具有剛健的性質，坤具有柔順的性質。何為開合？《五字訣論》神聚訣中說：「氣往下沉，由兩肩收於脊骨，注於腰間，此氣之由上而下也，謂之合。由腰形於脊骨，布於兩膊，施於手指，此氣之由下而上也，謂之開。」《走架打手行動要言》進一步闡釋為「兩肩鬆開，氣向下沉，勁起於腳根，變換在腿，含蓄在胸。運動在兩肩，主宰在腰。上於兩膊相擊，下於兩腿相隨，勁由內換，收便是合，放便是開」。開合即是收放、屈伸，上自手下至足，節節貫串。開為發為剛為乾，合為收為柔為坤。陰陽交合，天地相合，周身相隨。太極拳練習能懂開合，陰陽虛實悉在其中。

❻人身頭頂在上為坎，襠居下為離。八卦中坎代表水，離代表火。水有潤下之功，火有炎上之象。「綜者，上下相倒也」《周易集注·易經字義》。人體臟腑布局是心（火）在上，腎（水）在下，是處於水火未濟狀態。太極拳練習若能知開合，就形成水升火降，坎離易位，呼吸出入，調息養氣（詳見《九要

論》第二）。故《六首歌訣》中說：「拿住丹田練內功，哼哈二氣妙無窮，動分靜合曲伸就，緩應急隨理貫通。」從而獲得坎水潤下，離火炎上，二氣相交的既濟狀態，達到氣沉丹田、經絡暢通、氣機鼓蕩的內修目的。既濟之後才能體知丹功之妙，更能使內丹功夫出現昇華。

❼身體的股為震，足為巽。腿、足的運動形成抑揚伸縮。八卦中震以雷為代表，巽以風為代表。錯就是交錯。《說卦傳》中說：「動萬物者，莫疾乎雷，橈萬物者，莫疾乎風。」震具有啟「動」的性質，巽具有「散」「入」的性質。故太極拳的步法以震巽來代表。《九要論》第九中說：「進退反側，非步何以做鼓蕩之機，抑揚伸縮，非步無倚無宗。」和式太極拳在練習時要求步活圈圓。步法的進退側移，形成有起有伏、雷風鼓動、上下相隨、步運身行、靈活快捷的整體運動。

❽身體左手為艮，右腿為兌。八卦中艮以山為代表，兌以澤為代表。《說卦傳》中說：「山澤通氣。」這裡借用彼此通氣來說明左手與右腿的關係，引申為左側與右側的功能。「上下分兩儀」是身體左右上下陰陽的變化。艮兌說明左右相對。丹田為中為內，彼此通氣，丹田鼓蕩。在運用時左手迎接彼之來勁，黏隨聽問，毫厘無差。左右彼此相通，右側據左手感知對方勁力之大小方向，開合收放，圓活虛靈。經丹田轉化，氣力相合，勁達左手掌指，未見手動而勁力已至，打人不露形。

開合、領落、迎抵均以身體一側為例，另一側動作同。

太極、二儀、四象、八卦對應動作中的圓、上下、進退、開合、出入、領落、迎抵、合之為十三，故又稱十三式。與外間十三勢有別。對《總歌》略加分析就可以看出此與《九要論》《五字訣論》《十三式歌》等理論是一脈相承。這些理論是太極拳系

統理論的重要組成部分。

四、高手武技論
和敬芝

　　手以高名，百發百中矣。夫手而名之曰高。手所在，即高所在也，百發有不百中者乎？且拳勇之勢，固貴乎身靈也，尤貴乎手敏。蓋身不靈，則無以為措手之地，而手不敏，亦無以為動身之處。惟身與手合，手與身應，夫而後雖不能為領兵排陣也，要亦可為交手莫敵矣。今世之論武技者，動曰某為快手，某為慢手，某為能手，某為拙手。如慢手不如快手，拙手不如能手，而快手能手□□□□□□□❶化，如虎生風，興一時之□□□□□□□□落空則入木三分，取陰陽則橫掃千軍。凡他人不能過去者，彼則從而過去之，他人不能送出者，彼則從而送出之，夫是以不為低手，而為高手也。故吾思之，高者人人所造也。當比高之會，此以一高，彼以一高，均於使高焉。而自有此高，直以一人之高，敵千人之高，敵萬人之高，而眾人之高不見高也。夫惟有真高而已矣。抑又思之，手者人人所有也。值交手之際此以一手，彼以一手，均不讓手焉。而自有此手，又以獨具之手，當前後之手，當左右之手，而眾人之手如無手也。夫惟有束手而已矣。吾於是為是高幸矣。幸夫一推見倒，推推見倒。其以引淨落空者，直不啻天上將軍也。安有不制勝也哉。且於是為是手慰矣。慰夫神妙莫測，靈動莫知，其逐勢進退者，又不啻人間神仙也。安有不爭雄也哉。吁引人入勝，高手一同神手，一動驚人。高手宛如妙手，人亦法高手

焉可已。

點注：

❶有□者為損缺的文字，以下同。

五、太極拳正宗論五字妙訣❶

心　靜

心不靜，則不專。一舉□□□□□□□□故要心靜。起初舉動未能由己，要捨己從人，隨人所動，隨曲就伸。不丟不頂，勿自伸縮。彼有力，我亦有力，我力在先；彼無力，我亦有力❷，我意仍在先，要刻刻留心，挨何處心要用在何處，須向不丟不頂中討消息，從此做去。日積月累❸，便能施之於身❹，此全是用意不是用勁。久之則人為我制，我不為人制矣。

身　靈

身滯，則進退不能自如，故要身靈。舉手不可有呆相❺，彼之力，方覺有侵我之皮毛❻，我之意，已入彼之骨裡❼。兩手支撐，一氣貫穿。左重則右虛❽，而右已去；右重則左杳❾，而左已去。氣如車輪，周身俱要想隨❿。有不相隨處，則便散亂，便不得力，其疾在於腰腿求之⓫。先以心使身，從人不從己。後使身能從心⓬，由己仍從人⓭。由己則滯，從人則活。能從人手上變有分寸，量彼勁之大小⓮，

分厘不錯，權彼來之長短，毫髮無差，前進後退，處處恰合。功彌久而技彌精，技能精，進退之間，自然從人。而亦由己隨心所欲，自無失著之處矣❶。

氣　斂

氣勢散漫，便無含蓄。□□□□□散亂，務使氣斂入脊骨，呼吸靈通。周身無間❶，吸為陰□□□□，開為發，蓋吸則自然提得起❶，呼則自然沉得下。亦放得人門出，此是以意運氣，非以力運氣也❶。

勁　整

一身之勁練成一家。分清虛實，發動要根源❶，勁起於腳根❷，主於腰間，形於手指，發於脊骨❷。又要提起全副精神，於彼勁將出未發之際，我勁已接入彼勁，恰好不先不後，如皮燃火，如泉湧出，前進後退無絲毫散亂，曲中求直，蓄而後發，方能隨手奏效。此謂借力打人，四兩撥千斤。

神　聚

上四者俱備，總歸神聚。神聚則一氣鼓鑄，練氣歸神，氣勢騰挪，精神貫注，開合有致。虛實清楚，左虛則右實，右虛則左實。虛非全然無力，氣勢要有騰挪。實非全然占煞，精神要貴貫注。緊要全在胸中腰間運用❷，不在外面。力從人借，氣由脊發，氣往下沉❷。由兩肩收於脊骨，注於腰間，此氣之由上而下也，謂之合。由腰形於脊骨，布於兩膊，施於手指，此氣之由下而上也，謂之開。合便是收，開

便是放❷❹，能懂開合❷❺，便知陰陽。到此地位，工用一日，技精一日，漸至從心所欲，無不如意矣❷❻。

點注

❶本篇及以下幾篇為和敬芝手錄原文。與 1935 年首次刊印的《廉讓堂太極拳譜》（李啟軒本，以下簡稱李本）相互對比，以便讀者研究。

李本篇題為「五字訣」，後附有序文（序文略）。

❷「我亦有力」李本作「我亦無力」。

❸「日積月累」李本作「一年半載」。

❹「便能施之於身」李本無「之」字。

❺「舉手不可有呆相」李本作「呆像」。

❻「方覺有侵我之皮毛」李本作「方礙我皮毛」。

❼「我之意已入彼之骨裡」李本無「之」字，「裡」作「內」。

❽「左重則右虛」李本作「左重則左虛」。

❾「右重則左杳」李本作「右重則右虛」。

❿「周身俱要想隨」李本作「相隨」。

⓫「其疾在於腰腿求之」李本作「其病於腰腿求之」。

⓬「後使身能從心」李本無「使」字。

⓭「由己仍從人」李本在仍字後多一「是」字。

⓮「量彼勁之大小」李本作「稱彼動大小」。

⓯李本無「技能精……」此 26 字。

⓰「周身無間」李本作「罔間」。

⓱「提得起」李本多「亦拿得人起」5 字。

⓲「非以力運氣也」李本「運」字作「使」字。

⓳「發動要根源」李本作「發勁要有根源」。

⑳「勁起腳根」李本在起後多一「於」字。

㉑「發於脊骨」李本作「脊背」字。

㉒「腰間運用」李本作「腰間運化」。

㉓「氣往下沉」李本在「向」前多「胡能氣由脊發」，「往」字作「向」。

㉔「開便是放」李本作「開即是放」。

㉕「能懂開合」李本「懂」後多一「得」字。

㉖「無不如意矣」李本作「罔不如意矣」。

六、撒放密訣

擎引鬆放四字❶。

擎開彼勁借彼力❷，中有靈字。

引到身前勁始蓄，中有斂字。

鬆開我勁勿使屈❸，中有靜字。

放時腰腳認端的，中有整字❹。

點注：

❶「擎引鬆放四字」李本無「四字」二字。

❷「擎開彼勁借彼力」李本將「開」字作「起」字。

❸「鬆開我勁勿使屈」李本將「鬆」字作「放」字。

❹李本在訣後多一跋文，全文如下：「擎引鬆放四字有四不能，腳手不隨著不能，身法散亂者不能，一身不成一家者不能，精神不團聚者不能。欲臻此境，須避此病，不然雖終身由之，究莫名其妙矣。」

七、走架打手行工要言

昔人云：能引進落空，始能四兩撥千斤❶，不能引進落空，何能四兩撥千斤❷。語甚概括，初學未有領悟，余加數語解之❸，彼有志斯技者❹，得所從入。庶曰進有功矣❺。欲要引進落空，四兩挪千斤。先要知己知彼。欲要知己知彼，先要捨己從人。欲要捨己從人，先要得機得勢。欲要得機得勢，先要周身一家。欲要周身一家，先要周身無有缺陷。欲要周身無有缺陷，先要精神鼓蕩❻。欲要精神鼓蕩，先要提起精神❼。欲要提起精神，先要神不外散❽。欲要神不外散，先要精神收斂入骨❾。欲要神氣收斂入骨，先要兩肘前節有力❿，兩肩鬆開氣向下沉。勁起於腳根，變換在腿，含蓄在胸，運勁在兩肩，主宰在腰。上於兩膊相擊⓫，下於兩腿相隨⓬，勁由內換。收便是合，放便是開⓭，靜則俱靜，靜是合，合中寓開。動則俱動，動是開，開中寓合。觸之則旋轉自如，無不得力，才能引進落空，四兩撥千斤。

陳清平曰⓮：走架是知己功夫，一動勢，先問自己，周身合上數相否⓯，少有不合，即速改之⓰，走架所以要慢，不要快。打人是知人功夫。動靜固是知人，仍是問己，自己安排的好，人一挨我，我不動彼絲毫，趁勢而入，接定彼勁彼自跌出。如自己有不得力處，便是雙重未化，要於陰陽開合求之⓱。所謂知己知彼，百戰百勝也⓲。

點注：

❶「始能四兩撥千斤」李本無「始」字。

❷「何能四兩撥千斤」李本將「何」字作「不」字。

❸「余加數語解之」李本在「語」字後多一「以」字。

❹「彼有志斯技者」李本的「彼」字作「俾」字。

❺「庶曰進有功矣」李本將「曰」作「日」字。

❻「先要精神鼓蕩」李本將「精神」作「神氣」。

❼「欲要精神鼓蕩」李本將「精神」作「神氣」。

❽「神不外散」李本在句前少「欲要提起精神，先要」。

❾「先要精神收斂入骨」李本將「精神」作「神氣」。

❿「先要兩肘前節有力」李本將「肘」字作「股」字。

⓫「上於兩膊相擊」李本作「上於兩膊相繫」。

⓬「下於兩腿相隨」李本在「於」字後多「兩胯」二字。

⓭「放便是開」李本作「放即是開」。

⓮「陳清平曰」李本略去「陳清」二字，「曰」作「日」
字。

⓯「周身合上數相否」李本作「周身合上數項不合」。

⓰「即速改之」李本作「即速改換」。

⓱「要於陰陽開合求之」李本「開合」後多一「中」字。

⓲李本在此後多一跋文，全文如下：「胞弟啟軒嘗以球譬
之，如置球於平坦，人莫可攀躋，強臨其上，向前用力後跌，向
後用力前跌，譬喻甚明，細揣其理，非捨己從人，一身一家之明
證乎。得此一譬，引進落空，四兩撥千斤之理，可盡人而明
矣。」

八、比手❶（俗稱揭手）

天地之道，陰陽而已。陽屬剛，陰屬柔，二人比手亦然。比手一說擠手，即左派，所稱推手是也。然二人交手之會千變萬化，要之以掤摟❷擠捋為大題。以身靈手敏為應變，進退轉側，剛柔相濟，捨己從人，相機進攻。彼以剛來我以柔應，柔中寓剛，人所難防。悉心揣摩，臨敵制勝不難立見矣。

何謂掤？

吾一隻胳膊掤他人兩手也。如敵人兩手捋我右胳膊（或左或右），我必須用如封似閉之勢，將敵人剛勁引空，乘彼之勢，宜捋則捋之，宜摟則摟之，宜卸（我半身退下為卸）則卸之，使彼自己落空，方為上策。

何謂摟？

敵人以兩手捋我右胳膊之時，彼用勁太大，手足齊進，我用如封似閉將彼勁引空後，我乘勢將右半身下卸之際，即用我左手搭在彼之大胳膊上。吾兩手齊往右邊引之，使彼落空，彼勢不便前進，必須半身下卸。

何謂擠？

敵人半身下卸之時，我以小胳膊擊之是也。

何謂捋？

我以小胳膊擊敵之時，彼將我胳膊引空，我不能前進，勢須半身下卸。值此之際，彼亦能乘勢捋我，吾亦能相機捋彼也。

以上所言，係右面大概而已。左方面亦然。總之掤與摟是應敵之方，擠與捋皆擊敵之用。彼掤我，吾摟之。彼捋我，反捋之。彼摟我，吾擠之，彼擠吾，我摟之。吾若反而用之，彼亦反而用之。藕斷絲不斷，變化不測，循環不已。總之傳授高，功夫足，敵人雖強不足為慮矣。

點注：

❶本篇為和敬芝原文。以掤、捋、擠、按四法來說明太極拳的基本技法，並詳細地闡釋了掤、捋、擠、按的方法及相互攻防的應用。

❷摟為原文，摟與縷均同捋意。

九、搨手十六要❶

較：是較量高低於勝負。❷

接：是兩人接手之相接。❸

沾：是手與手相沾。❹

黏：黏如膠漆之黏，是人已沾我之手，不能離去之意。❺

因：是因人之來勢。❻

依：是我靠住人身。

連：是手與手相連，肘與肘相連。❼

隨：是隨人之勢以為進退。

引：引人入我之門。❽

進：是人前進，不使逃去。❾

落：等於葉落於地。❿

空：人來擊我身落空虛之地。⓫

得：是自己得機得勢。⓬

打：是機勢可打乘機而打之。⓭

疾：是速而又速。稍涉遲延，即不能打人，機貴神速之理。⓮

斷：是決斷，一涉游疑便失機會，過了機會不能打人了。⓯

點注：

❶本篇採用和敬芝手寫原文，據傳是和兆元所著。《太極拳譜》（沈壽點校考譯）所載的《擖手十六要》《較手三十六病》認為是陳鑫所著，兩者比較如下。

❷鑫本句末少「於勝負」三字。

❸鑫本作「是兩人以手相接也」。

❹鑫本句末多「如沾衣欲濕杏花雨之沾」一句。

❺「是人已沾我之手」鑫本作「是人既沾我手」鑫本無「之意」二字。

❻鑫本無「勢」字。

❼鑫本無「肘與肘相連」五字。

❽鑫本作「是誘之使來，牽引使近於我」。

❾「是人前進」鑫本作「是令人前進」。

❿鑫本作「如落成之落，水下滴於地，又如葉落於地」。

⓫鑫本作「宜讀去聲，人來欲擊我身而落空虛之地」。

⓬「自己」鑫本作「我」。

⓭「而打之」鑫本無「而」字。

⓮「既不能打人，機貴神速之理」，鑫本無「人、之理」三字。

⓯「過了機會不能打人了」鑫本作「過此不能打矣」。

十、較手三十六病❶

抽：自己抽身欲回。❷

拔：是拔手欲躲。❸

遮：以手遮人唯恐人打。❹

架：以胳膊硬架人手。❺

磕打：不能沾連就犯此病。❻

猛撞：突然撞去，貿然而來，不出自然而欲取勝。❼

躲：以身猛躲欲人自跌也。❽

侵凌：欲入人之界裡而侵凌之。❾

斬：如以刀斬物。

摟：以手摟人之身。

冒：將手貿然下去。❿

搓：以手、肘搓敵人也。⓫

欺壓：以我欺壓人之手。⓬

掛：以手掌掛人。⓭

拿：背人之節以拿人。⑭

閃賺：猛轉身如詆愚人而打之。⑮

撥：以手硬撥敵人之手。⑯

推：以手推過一旁。⑰

艱澀：是手不成熟就想與人比試。⑱

生硬：濁氣打人，代生求勝。⑲

排：是挑過一邊。⑳

擋：不能引人以勢硬擋。㉑

挺：太硬挺。㉒

霸：以力大服人。㉓

騰：是以右手接人復以左手架住，騰開右手以擊人。㉔

直：太直率無纏綿曲折之意。㉕

實：太老誠被人欺。㉖

鉤：是以腳鉤取。

硬掤：以硬氣架人之手，而不以中氣接人之手。㉗

抵：是硬以力氣抵抗人。

滾：如圓物滾走之勢。㉘

根頭棍：是我捘彼之小頭，彼以大頭打我。㉙

偷打：是不明打人之法，於人不防便下手去打。㉚

心攤：是藝不能打人，心如貪物探去打人必定失敗。㉛

離：是離去人身恐人擊我。㉜

心粗：不揣敵人之短長貿然前進，不吃大虧我不行也。

㉝

點注：

❷本篇採用和敬芝手寫原文，據傳為和兆元著。是較手中易

犯的三十六種錯誤，篇題應作《較手三十六病》，三十六為筆誤。

❷鑫本作「是進不得勢，知己將敗欲抽回身」。

❸鑫本作「是拔去，拔回逃走」。

❹鑫本無「唯恐人打」四字。

❺「以胳膊硬架人手」鑫本作「是以胳膊架起人之手」。

❻鑫本作「如以物磕物而打之」。

❼「不出自然而欲取勝」鑫本作「恃勇力向前硬撞，不出於自然，而欲貿然取勝」。

❽鑫本作「以身躲過人手，欲以閃賺跌人也」。

❾「侵凌之」鑫本作「凌壓之也」。

❿鑫本無「然」字。

⓫鑫本多「如兩手相搓之搓」。

⓬鑫本作「欺是哄人，壓是以我手強壓住人之手」。

⓭「以手掌掛人」鑫本作「是以手掌掛人，或以彎足掛人」。

⓮「背人之節以拿人」鑫本作「如背人之節以拿之」。

⓯「猛閃我身如」鑫本作「是」。

⓰鑫本作「是以我手硬撥人」。

⓱鑫本在前多一「是」字。

⓲「是手不成熟」鑫本作「是手不熟成」。

⓳「濁氣打人，代生求勝」鑫本作「仗氣打人，代生以求勝」。

⓴「是挑過一邊」鑫本作「是排過一邊」。

㉑「不能引人」鑫本作「是不能引」。「勢」作「手」。

㉒「太硬挺」鑫本作「硬也」。

㉓鑫本作「以力後霸也，如霸者以力服人」。

㉔鑫本作「如以右手接手，而復以左手架住人手，騰開右手以擊敵人」。

㉕鑫本在前多一「是」字。

㉖鑫本作「是質樸，太老實則被欺」。

㉗「硬掤」鑫本作「掤」。「架人之手，而不以」鑫本作「架起人之手，非以」。

㉘鑫本作「恐己被傷，滾過一旁，又如圓物滾走」。

㉙「根頭棍」鑫本作「根頭棍子」無「彼之」二字。

㉚鑫本為「不明以打人，於人不防處偷打之」。

㉛鑫本前無「是」字。

㉜「是離去人身」鑫本作「是去人之身」。

㉝鑫本無此目。而多一目「挑」，解釋為：「從下往上挑之」。

鑫本在篇後多一跋文，錄之如下：「以上三十六病，或有全犯之者，或有犯其四五，或有犯其一二者。有犯干處，皆非成手，手到成時，不論何病一切不犯。益以太和元氣，本無乖戾故也。然則撾手將如之何？亦曰：『人以手來，我以手引之使進，令其不得勢擊，是之謂走，走者，引之別名。何以既名引，又名走？引者，誘之使進，走者，人來我去，不與頂勢，是之謂走，然走之中，自帶引進之勁（功純者引之使進，不敢不進，進則我順人背，而擒縱在我。）』此是拳中妙訣，非功久不能也。」

十一、歌訣六首❶

和兆元著

（一）學會金剛太極尊，渾身合下力千斤。
　　　勸君智勇休使盡，剩下餘力掃千軍。

（二）世人不識懶扎衣，左屈右伸抖虎威。
　　　膛中分峙如劍閣，頭上中峰似璇璣。
　　　千變萬化由我運，全憑兩足定根基。

（三）閑來無事看白鶴，右羽舒展又一波。
　　　雙手引來巍峰勢，戲出秋水出太阿。

（四）單鞭一勢最為雄，一字長蛇橫西東。
　　　擊首尾動精神貫，擊尾首動脈絡通。
　　　中間一擊首尾動，上下四旁扣如弓，
　　　若問此中真消息，須尋脊背骨節中。

（五）純陰無陽是軟手，純陽無陰是硬手。
　　　一陰九陽根頭棍，二陰八陽是散手。
　　　三陰七陽猶覺硬，四陰六陽顯好手。
　　　惟有五陰併五陽，陰陽無偏稱妙手。
　　　一著一個太極妙，空空跡化歸烏有。

（六）外保君王內保身，全憑太極真精神。
　　　此中甘苦都閱遍，不愧當今絕妙人❷。

點注：

❶據傳為和兆元著《太極拳譜》中的內容。

❷本篇是和兆元自身的真實寫照。和兆元 26 歲隨李棠階進北

京，歷經幾十年風雨，創編和式太極拳理法。李棠階 25 歲中進士進京為官，官至禮部尚書、軍機大臣。和兆元隨其左右，閱遍世間甘苦，全憑精於太極。

十二、耍拳論❶
和兆元傳　和慶喜整理

太極拳用功之為「耍拳」，此是吾和氏太極拳獨特之處。它的取法是根據老莊自然之道，《易》學陰陽之理及以弱勝強、無為之為之論。以柔中求剛為目的，以輕靈自然為原則，以中正平圓為用功方法，此三者為和氏「耍拳」之準則。

此拳由起步學習，至精、氣、神一元化，始終要求自然、鬆柔、輕靈，像頑童玩耍那樣隨便。不要用意，使氣❷，更不可顯示發勁。如能由幼童學起，一生不間斷的用功，即到年高百歲，仍可保持亦能達到幼童般的體質。因此，按和氏太極拳耍拳準則用功者，可獲返老還童的功效。

和氏「耍拳」之用功準則，可使任、督二脈暢通，丹田勁隨姿勢運轉而運行。所謂勁由脊發，呂力無限，是奠定內勁之基礎，惟以此準則用功始有此碩果。

點注：

❶是和慶喜據祖父傳授而整理。

❷走架不能故意，意念要守中。如果用意走架行氣，心就不能靜，必致拳勢顧此失彼而散亂。和式太極拳練習時要求意自心出，心意合一，自然而然。

十三、耍拳解

和慶喜著

柔中求剛，「柔」者何也？柔，鬆柔、純柔、鬆關節、柔經絡。初習者要明鬆柔之含義，身體須開展放大，不放大達不到柔的目的。柔中有剛，剛柔相濟，是功成後的自然表現，非勉強可為之，極柔必至極剛的自然辯證結果。若初習者即求柔中之剛，則是錯誤的。須知柔不及則剛不至也。勉強得來之剛，也不外後天之力。此「剛」不過是枯槁之脆硬，一折即斷，非真剛也。

「輕靈自然」者何？輕，極輕。極輕則極靈，用氣則滯。學者用功，身法運轉要像三尺羅衣掛在無影樹上，在空中迎風飄蕩那麼輕靈自然。此喻甚當，應切切深思。

何為「中正平圓」？即在用功時的身法要像太極圖中的子午線那樣垂直中正，上自百會，下至會陰，形成一條直線。運動時，以手平衡姿勢運轉，前後左右皆以中心線為界，步以走圓，身以行圓。總而言之，一舉一動，皆以圓為宗。此應由淺入深，不能急於求成。

何為「懂勁」？指在用功中要遵循太極拳之自然規律。一勢一勁，認真運動，到時能逐漸感覺到由丹田發出的勁。氣、力、勁本是一體的，而在拳藝的理論實踐中卻有分別之論，即氣是先天自然之氣，力是後天人為之力。後天人為之用力，常非用先天自然之氣。而太極拳在姿勢變化運轉中，則以氣與力相配合，每勢完成時要有氣沉丹田之感覺。由姿勢轉化，由丹田發出的為勁。所謂懂勁者，即要由丹田發出

轉化的勁。

何謂「周身相隨」？是在耍拳時，要以理論結合實踐。首先行動於腰，以腰帶動肢體，基礎在步，活動於襠；身體平衡運轉於手；虛領頂勁，氣沉丹田；沉肘鬆肩，鬆胯鬆膝。如此，即形成周身相隨運動，方可達內勁、走勁的目的。

拳諺曰：「入門引路須口授。」此言是說，理論固然可以在文字中學得，但書本畢竟不能代替實踐。理論是從實踐中來的。因此，入門學習時，老師的言傳身教尤為重要。如某些技巧要領，用筆是無法表達清楚的，文詞一大堆，也不一定能說得清楚透徹。然而在言傳身教中，結合實踐只用三言兩語即可讓人理解。古人講「真傳一句話，假傳萬卷書」。「真傳」是直接傳，以身作則。「假傳」也並非是說假話，而是盡作比喻，是間接的借指，只怕學者不明白，說過來說過去說了很多，然而還是讓人難以明白。總之，身傳口授是入門之徑。

點注：

此篇是和慶喜對祖父有關耍拳論述的闡釋，曾在他的弟子中傳抄，文字略有不同，此篇為和氏家傳。

十四、習拳歌❶

和慶喜著

習拳之道多留心，神斂體鬆法自然。
腰脊中正頂勁領，氣遍周身任督行。

股望眉力斬，加上反背，如虎搜山，三尺羅衣掛在無影樹上❺。起手如閃電，打下如迅雷，如風行雨，鷹捉兔，鷂攢林。起手三心相對，不動如書生，動之如龍虎，遠不發手，雙手雙心打❻。

點注：

❶蓄勁時周身俱要屈蓄，發勁時周身俱要伸開，使周身之勁成一家。

❷潑辣勇猛，不畏懼對手，膽壯勇生。

❸得機得勢時要連環用招，勁如大河之水，洶湧不絕，使對手無喘息變勢的機會。

❹對方已露動勢跡象時，要快速出招發力，克敵制勝。即彼不動，我不動，彼微動，我先動，彼已動，我先至。與人交手時，我先下手將招勢勁力用至三分而止，待對方變招化力時我乘隙發力，這也是太極拳問勁的技巧。即所謂先下手為強，或叫先動者為師，後動者為弟。

❺比喻身體運轉要輕靈自然，毫無滯機。

❻兩手要分清陰陽，有上即有下，有進即有退，有攻有防，不能雙重而出。

十七、捷要論

右來右迎，此謂捷取❶。遠了便上手，近了便加肘，遠了使腳踢，近了便加膝，遠近宜知。拳打膀乍，足揚頭歪，把勢審人。能教一思進，有意莫帶形，帶形必不贏。捷取人

法，審顧地形，拳打上風。手要急，足要輕，把勢走動如貓形，心要整，目聚精，手足齊到定能贏。若是手到步不到，打人不得妙，手到步亦到，打人如薅草❷。是以善拳者，先看地形，後下手勢，上打咽喉下打陰，左右兩肋中在心。前打一丈不為遠，近者只在一寸間，意深自揣也。

點注：

❶對方向我右側打來，我以右側迎擊，這是快捷的取勢用招方法。

❷即拔草。形容手到步到，周身一家，打人如同拔草一樣容易。

十八、天遠機論

身動時如山崩牆倒，腳落時如樹栽根，手起如炮直沖，身如活蛇，擊首則尾應，擊尾則首應，其餘皆然。打前要顧後，知進知退，心動快似馬，腎動速如風。操演時，面前如有人，交手時，有人如無人。前手起，後手緊隨，起前腳，後腳緊跟。面前有手不見手，胸前有肘不見肘❶。見空不打，見空不上，拳不打空起，亦不望空落。手起足要落，足落手要起，心要占先，意要勝人，身要攻人，步要過人，前腿似弓，後腿似忝❷。首要仰起，胸要現起，腰要長起，丹田要運起，自頂至足一氣相貫。膽戰心寒者，心不能取勝，不能察顏觀色者，不能防人，必不能先動。先動者為師，後動者為弟，能教一思進，莫教一思退❸。三節要停，三心要

實，三尖要照，四梢要齊。明瞭三心多一方，明瞭四梢多一精，明瞭五行多一氣，明瞭三節不貪不欠。起落進退多變化，三回九轉是一勢。總要以氣為主，以心統乎五行，運乎二氣❹。時時操演思悟，時時運化奉行，朝夕盤打，始而勉強，久而自然。

點注：

❶走架或與人交手時，不要用眼盯自己的手、肘，手、肘的運使只在心中，即「心以手把，手以心把」「意自心出，拳隨意發」。

❷是老譜原文，意不可解。

❸與人交手時，能讓步、身進一絲，就莫讓退一毫。和式太極拳有「打死不退步」之說，要求與人交手時，遇敵進攻不要畏懼，與敵力相接時能進一絲就能摧垮對方的重心並乘機擊之。在進的同時用自身陰陽的轉換，走化來力並借力反擊，如果自己畏懼退讓，易形成空隙為人所乘。

❹五行即五臟，為生氣之本，以心統領五行之氣，運使呼吸。即以心行氣，以氣運身。

十九、和式太極拳九法解❶
和學信編著

1. 三節、四梢、五行

三節❷：人之一身而言。手臂為梢節，腰腹為中節，足腿為根節。分而言之，三節之中亦各有三節。手為梢節之梢節，肘為梢節之中節，肩為梢節之根節；胸為中節之梢節，

心為中節之中節，丹田為中節之根節；足為根節之梢節，膝為根節之中節，胯為根節之根節；總不外乎梢起、中隨、根追❸之理。庶不至有長短、曲直、參差、俯仰之病，此三節所要貴明也。

四梢❹：髮為血梢、甲為筋梢、牙為骨梢、舌為肉梢。四梢齊，則內勁出矣。至於起至之法，必須髮欲衝冠，甲欲透骨，牙欲斷金，舌欲摧齒。心一動而四梢皆至丹田。而令氣出，如虎之狠，如龍之警，氣發而為聲。聲隨手發，手隨聲落。故一枝動，百枝搖❺，四梢齊❻，內勁從此出矣。

五行❼：五行者，金、木、水、火、土也。內對人之五臟，外對人之五官。心屬火，心動勇力生❽。脾屬土，脾動大力攻❾。肝屬木，木動火焰沖❿。肺屬金，肺動沉雷驚⓫。腎屬水，腎動快如風⓬。此是五行存於內者。目通於肝，鼻通於肺，耳通於腎，舌通於心，人中通於脾。此五行著於外者。

五行本是五通關⓭，無人把守自遮攔，真乃確論也。天地交合，武藝相爭，先閉五行，四兩可撥千斤。己為天，人為地，手為雲，目為日月，閉己之五行，以克人之五行。

2. 身法⓮

身法有八要：起、落、進、退、反、側、收、縱。起為橫，落為順，進步低，退步高，反身顧後，側顧左右。斂如伏貓，放似縱虎⓯。以中平⓰為宜，以正直⓱為妙，與三節相宜。

3. 步法⓲

步法有寸步、墊步、縱步、快步、剪步。寸步者，一步可以到也。如距敵五尺以內可用縱步（墊步後，仍上前

步）。至於身大力勇者，即進前步，急過後步，也必墊一步。若距五尺以外一丈以內，可用快步，後腳也必墊一步，但不露形。快步者，起前腳帶後腳，平飛而去。但不是跳躍進步，此是馬奔、虎剪之急，氣不成者不可輕用。如遇人多，或有器械，即連腿帶腳並剪而上，亦稱飛腳。學者隨便用之。總之，法不可執。習之純熟，用之無心，方盡其妙。進前腳，急過後腳，如鷂子鑽林，燕子抄水，是折腳⓳而起，即所謂鷹揚四平，足存身下是也。

4.手足法

手法者，出手、領手、起手、截手也。出手者筋梢發⓴，有起有落，曲而非曲，直而非直，謂之起手。筋梢不發，而未落者⓲，謂之領手。順起順落，參以領搓者⓴，謂之截手。起前手如鷂子鑽林，束翅而起。攉後手，如燕子抄水往上翻，長身而落，此單手之法也。兩手交錯，互並落起。如拳升落，如分磚，此兩手之法也。總之，肘護心，手撩陰，其起如同虎撲人，其落如同鷹抓物也。

足法者，起翻落鑽，忌踢宜折也。腿起懷⓳，腳打膝，斜上翻⓴，如同手之撩陰也。落則猶如石鑽物⓴，如手拂眉。忌踢者，腳踢渾身是空。宜折者，即手足之落，如鷹捉物是也。手足之法本相同，而足以為用，也必如虎行之無聲、龍行之莫測。

5.上法、進法⓴

上法以手為妙，進法以步為奇。而總以身法為要。起手如丹鳳朝陽，進前步，搶上搶下，隨後步折打是也。三節明，四梢齊，五行閉，身法活，手足之法連，視其遠近，隨其老嫩⓴，一動而即是也。此外還有順、勇、疾、狠、真、

盡六方❷。順者自然也，勇者果斷也，疾者急速也，狠者不容情也，真者發必中也，盡者內勁出，彼難變化也。

6. 顧法❷

顧法分開法❸、截法、追法、單顧、雙顧、上下顧、前後顧、左右顧也。

開法者，左開右開、勁開柔開也。右開如外括❸，左開如內括。勁開如炮拳之明勁，柔開如元龍之暗勁。

截法❸者，截手、身、言、面、心也。截手者，彼先動而截之也。截身者，彼未動而截之也。截言者，彼言露其意而截之也。截面者，彼面露其色而截之也。截心者，彼喜上眉梢，我防其有心而截之也。

追法❸與上法、進法一氣貫注，即所謂隨身緊趨，追風趕月不放鬆也。彼雖欲走，而不能走矣，何怕其有邪術乎？

顧法者，單項用截拳，雙顧用橫拳，隨機而動也。

7. 三性法

三性調養法❸，眼為見性❸，耳為靈性❸，心為勇性❸，此三性者，術中之妙用也。故眼中不時常循環，耳中不時常報應，心中不時常警惕。而精靈之意在我，庶不至為人所誤矣。

8. 內勁法❸

內勁寓於無形之中，接於有形之表，而難以言傳。然思其理，亦可知也。志者氣之帥也，氣者體之勻也。心動而氣隨之，氣動而力赴之。此自然之理也，即提勁、崩勁亦非殆，惟黏勁❸也。創勁太直，而難為起落。攻勁太死，而難為變化。崩勁太促，而難為展拓。惟黏勁出沒甚捷，可使日月無光而不見其形，天地交合而不見費其力。總之，於三心

之中，發於一戰之傾。如虎之伸爪不見爪，而物難逃；龍之不見力，而山不能阻。

9. 交手法

　　與人交手，存心要謹慎❹，要知己識彼，不可驕矜❹。站左進右，站右進左❷，發步時足跟先著地，足尖十趾抓地，要穩重。拳要沉實而有骨力，去是掌，著人成拳❸。用拳要卷緊，用掌要有氣，上下要均衡，出入以心為主宰，眼、手、足隨之，不貪不欠，不即不離。肘落肘窩，手落手窩❹。以意運氣，以氣催身，以身催手。蓄勁如挽弓，發勁如放箭，力由脊發❺，曲中求直，後發先至。手以心把，心以手把❻，進人進步，一肢動，百肢隨。一握渾身皆握，一伸渾身皆伸，不拘按打、烘打、旋打、炮崩、斬打、沖打、奔打、肘打、胯打、肩打、掌打、進步打、退步打、橫步打，以及上下、左右、前後百般打法，皆要一氣相隨。出手先占中門，骨節要相對❼，不對則無力。手把要靈，不靈則生變。發手要快，不快則遲誤。拳手要活，不活則不快。打手要跟，不跟則不濟。存心要狠，不狠則不準。腳手要活，不活則擔險。心要精，不精則受欺。發作如鷹捉物之勇猛，切勿畏懼遲疑。心小膽大，面善心惡，靜似山岳，動似雷發。人之來勢，亦當審查，腳踢頭歪，拳打肩乍，側身進步，長身而起❽，上虛下實，靈機自揣摩。起望落，落望起，身手齊到是為真。剪子股，望眉斬，加上反背如虎搜山。起手如閃電，打下如迅雷。起手三心❾相對，雙肘在肋旁，雙手把心護。右來右迎，左來左接，遠上手腳，近上膝肘。審勢地形，拳打上風，手要急，足要輕，把勢走動如貓行。心要正❺，目聚精，手足齊到定能勝。手到足不到，打

■ 第五章　和氏家傳老譜點注 267

■ 第五章　和氏家傳老譜點注 267

上不為妙。手到足也到，打人如拔草。動時如山崩牆倒，腳落時著地生根。手起如炮直沖，身如活蛇，腰如反弓51。擊首則尾應，擊尾則首應，擊中節首尾俱應。打前要顧後，知進須識退，心動快似馬，臂動速如風。練習時面前似有敵，交手時面前似無人52。起前手後手緊催，起前腳後腳緊跟。彼剛我柔，彼柔我剛。彼高我低，彼低我高。彼長我短，彼短我長，彼開我合，彼合我開；或我忽開忽合，忽剛忽柔，忽短忽長，忽來忽去，不拘成法，隨敵而變，順敵情形而擊之。總要以心為主宰，統帥五行，運我神氣，時時操練勿誤，朝夕盤打，日久自然有所得耳。

撼山容易撼丹難，只為提防我者先。
猛虎施威頭早抱，其心合意仔細看。

點注：

❶本篇是和學信所編著。內容多是對《九要論》《太極拳技法注講》《論法》《捷要論》《天遠機論》等理論的進一步闡釋。

❷詳見《九要論》第三。

❸三節一氣貫穿，動靜有序。在身為手法、身法、步法三者合一。

❹詳見《九要論》第四。

❺一動無不動，周身相隨。

❻四梢之根為血、筋、骨、肉，屬內。四者皆動皆至即由內至外，內勁無不應機趁勢而出。

❼詳見《九要論》第五。

❽拳由心發，心機一動勇力而生。

❾脾主肉，肉為氣之囊，故脾動力渾勢猛。

❿肝屬木，木生火，肝動勢如火焰沖天。

⓫肺動氣出，發聲如雷，肺屬金，金性利，故肺動沉雷驚。

⓬腎屬水，腎氣動如風行之快。

⓭肺在上，腎在下，肝居右，脾居左，心在中，為自身五道關。耳、眼、鼻、舌及人中為頭面五道關。

⓮詳見《九要論》第八。

⓯身形聚集蓄勢如貓伏勢撲鼠之狀。縱放拳勢要如猛虎撲食之威猛。貓行輕靈，虎動威猛，也暗喻蓄勢要輕靈不露行，動如猛虎下山勢不可擋。

⓰身法守中求中，陰陽平衡，起落進退，隨勢就取。

⓱不偏不倚，不貪不欠，腰脊垂直貫串，身如反弓。

⓲詳見《九要論》第九。

⓳折即折疊，抬腳屈腿使小腿與大腿折疊。

⓴出手勁發掌指。

㉑起手不發勁，手臂掤起領勁。

㉒順人之勢以起落，加以領搓之力。

㉓腿起望懷。

㉔腳與膝高時斜向上翻。

㉕如石鑽物。指落腳攻擊要有力度，不望空落。

㉖上法為進身上手的方法。進法為近身進步的方法。

㉗指對方出手的部位及拳勢的力度。

㉘外間流傳為「工、順、勇、疾、狠、真」。

㉙顧即照顧，交手時要顧好自己的身體，顧法體現了顧即打，打即顧，近身黏隨，乘隙擊打的顧法精髓。

㉚叫門、破門之法。

㉛括即裹，裹纏或裹壓其手臂，引其勁落空。

㉜黏隨對方。聽其來勁，引領阻攔，使彼勁不得發。俗稱「塞瓶口」。

㉝黏隨對方不使脫離，接連用招發力使敵難以變化。

㉞修練拳術要調養眼、耳、心。方法正確，調養得當，使己達最佳狀態。

㉟眼能察顏觀勢，識別對方的動態。

㊱耳能聽聲辨向，聞聲知勢變位，不視而感。

㊲心為令，心性勇，勇者果斷機智。

㊳太極拳要求在內不在外。以心行氣，虛領頂勁，勁發丹田，無形無象。

㊴沾黏對方不使其離去的勁力。外間本誤為「顫勁」。

㊵靜心聚神，靜觀其變，不能大意。

㊶驕傲自大，輕視對手。

㊷我左步在前時，右腳進步，身自側轉而勁走螺旋。

㊸掌保留變化的餘地，變拳就打，拳能加大打擊力度。

㊹這裡的窩不是位置。起手肘尖自然下墜，關節順通，自然不彆扭，肘就落入肘窩了。

㊺脊為軀幹部的勁力源泉，身備五弓，軀幹部由脊椎形成主弓。

㊻發手以心來驅使，心以手來感知。指形神合一。

㊼骨與骨相連的關節對應順遂，做到三直、四順、六合。掌、腕、肘、肩、背、腰、胯、膝、腳節節貫串。

㊽起腳踢人時頭要向對側歪斜，以平衡身體。起拳時肩膀乍起。進步時身體側轉使腿變虛。長身是為了起發。起腳抬手身體

必有預兆，要仔細審查。

㊾本心、手心、足心為三心。心意一動，手到足到，上下相隨。

㊿心正意能守中，使意念和形體處於無意識的自然狀態，待機而動。

㈤透過自身調節，使腰椎弓形變直，而具有彈性，為反弓。

㈥練拳時的要求，交手時同樣要做到。和式太極拳是三合一的拳架，拳架是體，技法是用，體用相合，不能練拳是練拳，交手是交手，體用脫節。

二十、和氏太極拳練法須知
和士英著

要拳宜心平氣和，鬆身斂神。初練以鼻為中界，左右手各管半身❶，身與手合，手與身應❷，互為動之。由外及內，五行百骸，終合一氣。起手要輕，不可使氣，手中之力僅能領起手與臂而已❸。力不可過，過則硬，則不靈活。忌手不顧腳，腳不隨手，要上下相隨，中節自然皆隨，此為一氣貫通。拳架每一小節多以開合相接，開合即為一氣運行陰陽。太極便是一氣。一氣漾溢於四體之中，侵潤於百骸之內，流行不息，以衛其力，力順氣通，氣通力重，陰陽消長，圓活緊湊。和氏太極拳以自然為原則，全借後天之形，不用後天之力❹，動靜開合，純作自然。意在練精化氣，練氣歸神，練神還虛，練虛合道，道法自然。

點注：

❶身體以鼻為中界，左右兩側要分清陰陽。兩側陰陽未分時，手過中線向另側伸，這時身不能顧手，易為人制。

❷身手互相協調配合，不應該是單一的手領身動或身動帶手。

❸是輕的具體標準。長久練習，手臂的感知好似秤一樣準確，加一羽落一蠅就會打破平衡，陰陽順勢而變。

❹與生俱來的拙力。

附 **1** 錄

以下幾篇是我父手輯的拳論。這些內容在趙堡拳界流傳較廣。附錄於後，並重點說明，供讀者研習。

一、太極拳總論❶
陳清平著

歌云❷：舉步輕靈神內斂，莫教斷續一氣研。
　　　　左宜右有虛實處，意上寓下後天還。

歌　云：**舉步輕靈神內斂**

一舉步周身俱要輕靈，尤須貫串，氣宜鼓蕩，神宜內斂。

莫教斷續一氣研

勿使有凸凹處，勿使有斷續處，其根在腳，發於腿，主宰於腰，形於手指，由腳而腿而腰總須完整一氣，向前退後乃得機得勢，有不得機得勢，其病必於腰腿間求之❸。

左宜右有虛實處

虛實宜分清楚，一處自有一處虛實，處處總此一虛實，上下前後左右皆然。

意上寓下後天還

凡此皆是意，不在外面，有上即有下，有前即有後，有左即有右，如意要向上，即寓下意，若將物掀起❹而加以挫之之力，斯其根自斷，乃壞之速而無疑。總須周身節節貫串，勿令絲毫間斷耳。

背絲扣為太極拳之母，是此拳徹如徹終工夫，此論此歌是教人單做背絲扣順逆動作之法，故以總稱之。

點注：

❶本篇採用杜元化（1969～1938）《太極拳正宗》一書。

❷《歌訣》在趙堡拳界有抄本流傳，共有六首，這是其中一首。歌訣前有練架六要，錄之如下，供讀者研習。

一、身裝下扎。二、練架有繩。三、練勁圓轉。四、用勁自然。五、捻手變化。六、急毒不覺。

順項貫頂兩膀鬆，束肋下氣把襠撐。
胃因開勁雙捶爭，五趾抓地上彎弓。
舉步輕靈神內斂，莫教斷續一氣研。
左宜右有虛實處，意上寓下後天還。
拿住丹田練內功，哼哈二氣妙無窮。
動分靜合屈伸就，緩應急隨理貫通。
忽隱忽現進則長，一羽不加至道藏。
手慢手快皆非是，四兩撥千運化良。
掤捋擠按四正方，採挒肘靠斜角成。
乾坤震兌乃八卦，進退顧盼定五行。
極柔極剛極虛靈，運若抽絲處處明。
開展緊湊乃縝密，得機而動如貓行。

❸外間本為「腰腿求之」。腰腿間為胯，胯為下肢最大的關節，是轉關換勢及兩腿虛實變換的樞紐，胯活則步法靈活，前進後退便能得機得勢，身無散亂。

❹外間本為「物將掀起」。將物掀起力自腳下向上，此為先寓下意再向上發力，拔斷其根，再加以撞按之力，以重創敵人。

二、太極拳論❶

太極者，由無極而生，動靜之機，陰陽之母也。動之則分，靜之則合，無過不及，隨曲就伸，人剛我柔謂之走，我順人背謂之黏。動急則急應，動緩則緩隨，雖變化萬端，而理究一貫。由著熟而漸悟懂勁，由懂勁而階及神明。然非用力之久不能豁然貫通焉。虛靈頂勁，氣沉丹田，不偏不倚，忽隱忽現，左重右虛，右重左虛，仰之彌高，俯之彌深，進則愈長，退則愈促。一羽不能加，蠅蟲不能落，人不知我，我獨知人，英雄所向無敵，蓋皆由此而入也。斯技旁門甚多，雖勢有區別，概不外乎壯欺弱，慢讓快爾。有力打無力，手快打手慢，是皆先天之能，非關學力而有為也。察四兩撥千斤之句，顯非力勝，觀耄耋御眾之形快❷，何能立如平準，活如車輪？偏沉則隨，雙重則滯。每見數年純功不能運化者，率皆自為人制，雙重之病未悟爾。欲避此病，須知陰陽，黏即是走，走即是黏，陰不離陽，陽不離陰，陰陽相濟，方謂懂勁。懂勁後，愈練愈精，默識揣摩，漸至從心所欲。

本是捨己從人，多誤捨近求遠，謂毫厘之差，千里之

謬，學者不可不詳辨焉。

點注：

❶此拳論多認為是王宗岳著。本篇內容與外間略有不同。

❷外間本為「御眾之形，快何能為」，在和式太極拳的傳人中及本人的實踐都認為，太極拳在得機得勢擊人時只在一瞬間，速度是非常快的。年輕人動作快是先天本能，耄耋御眾之快是後天習練太極拳所得，是太極拳練至虛實分明、陰陽相濟時的表現。

三、十三勢行功歌❶

十三勢勢莫輕視，命意源頭在腰隙。
變轉虛實須留意，氣遍身體不少滯。
靜中觸動動猶靜，因敵變化施神奇。
勢勢存心揆用意，得來不覺費工夫。
刻刻留心在腰間，腹內鬆淨氣騰然。
尾閭中正神貫頂，滿身輕利頂頭懸。
仔細留心向推求，屈伸開合聽自由。
入門引路賴口授，功夫無息法自修。
若言體用何為準，意氣君來骨肉臣。
詳推用意終何在，益壽延年不老春。
歌兮歌兮百四十，字字真切義無遺。
若不向此推求去，枉費工夫貽嘆惜！

❶本篇作者不詳。十三勢為太極拳的基本動作。在以上歌訣中沒有提到掤、捋、擠、按、採、挒、肘、靠、進、退、顧、盼、定。十三法與十三勢應區別開來。

四、十三勢行功心解❶

以心行氣務令沉著，乃能收斂入骨。以氣運身，務令順遂，乃能便利從心。精神能提得起，則無遲重之處，所謂頂頭懸也。意氣須換得靈，乃有圓活之趣，所謂變轉虛實也。發勁須沉著鬆淨，專注一方。立身須中正安舒，支撐八面；行氣如九曲珠，無往不利，氣遍身體之謂。運動如百煉鋼，何堅不摧。形如搏兔之鶻，神如捕鼠之貓，靜如山岳，動如江河。蓄勁如開弓，發勁如放箭，曲中求直，蓄而後發。力由脊發，步隨身換，收即是放，斷而復連，往復須有折迭，進退須有轉換，極柔軟，然後極堅剛。能呼吸然後能靈活。氣以直養而無害，勁以蓄養而有餘。心為令，氣為旗，腰為纛。先求開展，後求緊湊。

又曰：先在心，後在身，腹鬆氣斂，神舒體靜，刻刻存心，切記一動無有不動，一靜無有不靜。牽動往來氣貼背，斂入脊骨，內固精神，外示安逸。邁步如貓行，運勁如抽絲，全身意在精神，不在氣，在氣則滯，有氣者無力，無氣者純鋼。氣若車輪，腰若車軸也。

❶本篇作者不詳，內容是十三勢歌的闡釋。

五、打手歌❶

　　掤捋擠按須認真，上下相隨人難進。
　　任他巨力來打我，牽動四兩撥千斤。
　　引進落空合即出，沾連黏隨不丟頂。
　又曰：彼不動，己不動，彼微動，己先動，似鬆非鬆，
將展未展，勁斷意不斷。

點注：

❶本篇作者不詳。

六、通變歌❶

　　進退顧盼定，五位喻五行。
　　生剋分制化，陰陽實錯綜。
　　虛實互乘變，開合是樞機。
　　剛柔相摩蕩，八法顯機能。
　　沾連與黏隨，相互起作用。
　　運動知往返，被動轉主動。
　　學者時體驗，應用妙無窮。

傳之為心法，得機樂融融。

點注：

❶本篇為和氏家傳，作者不詳。

七、行功十要❶

面要常擦，目要常揩，耳要常彈，齒要常叩，背要常暖，胸要常護，腹要常摩，足要常搓，津要常咽，腰要常揉。

八、行功十忌

忌早起科頭，忌陰室納涼，忌濕地久坐，忌冷著汗衣，忌熱著曬衣，忌汗出扇風，忌燈燭照睡，忌子時房事，忌涼水著肌，忌熱火灼膚。

九、行功十八傷

久視傷精，久聽傷神，久臥傷氣，久坐傷脈，久立傷骨，久行傷筋，暴怒傷肝，思慮傷脾，極憂傷心，過悲傷肺，至飽傷胃，多恐傷腎，多笑傷腰，多言傷液，多睡傷津，多汗傷陽，多淚傷血，多交傷髓。

點注：

❶七、八、九三篇為和氏家傳，對養生健身有益，作者不詳。

十、七　疾❶

七疾指：眼、手、腳、意、出勢、進退、身法要疾。習拳較技者，具此七疾才能完全制勝。所謂縱橫往來，目不暇接，猶如生龍活虎，令人不可捉摸者惟持此耳。

眼要疾。眼為心之苗目。察敵人情勢達於心，然後才能應敵取勝。心之主宰實賴眼之遲疾而轉移也。

手要疾。手為人之羽翼。防守進攻無不靠手，但交手之時全憑迅速。常言說：「眼明手快，有勝無敗。」「手起如剪落如風，追風趕月不放鬆」。不怕敵人身大力猛，我能出手如風即能取勝也。

腳要疾。腳是身體的基礎。腳立穩則身穩，腳前進則身隨之。太極拳中，周身一家無一處滯泄。腳打踩意莫容情，消息全憑後腳蹬，腳踏中門搶中位，就是神仙也難防。

意要疾。意者體之元帥也。即眼有監察之精，手有撥轉之能，腳有行程之能，然其遲速緊慢，均惟意支配，所以意不可不疾也。

出勢要疾。存於內者為意，形於外者為勢。意既疾，出勢更不可不急也。勢隨意生，隨機應變。令敵人迅雷不及掩耳，張惶失措無對待之策，方能制勝。如意變迅速，勢不能

隨之，則己必敗矣。所以意勢要相合才能成功。習技擊者務必注意。

進退要疾。此論乃縱橫往來，進退反側之法。當進則竭其力直進，當退則領其氣而回轉。進退要看清敵人之強弱，強者宜避之，以智勝敵；弱者要攻之，可以力敵。進退要迅速，使敵人無機可乘。

身法要疾。任何拳術都以身法為本。拳理云：「身如弩弓，拳如箭。」「上法需要先上身，手腳齊到方為真。」

搖膀活胯，周身輾轉，側身而進。不可前俯後仰，左歪右斜。進者直出，退者直落，內外相合，使周身上下如一，雖進退亦不破散。我獨知敵，敵不知我，使敵不能得逞。

點注：
❶本篇作者不詳。

十一、八字訣❶

三頂：頭向上頂，有沖天之雄。頭為周身之主，上頂則後三關易通，內氣自海底升起，從後經命門直上夾脊，經玉枕達百會。手向外頂，有推山之功，則氣可自胳膊外側下來，直貫掌心和指尖。舌向上頂，有吼獅吞象之容。舌頂上腭，用鼻呼吸，可以使任督二脈相通。氣自百會而下，入口經舌後下於丹田。自腰椎以下將骨節鬆開，尾閭上翻，提肛，使任督二脈在下部接通。

三扣：肩扣則氣力到肘，掌扣則氣力到手，手足指

（趾）扣則周身力厚。兩肩相扣，肩胛骨亦自然放鬆，使脊背成圓形。手背弓扣，則五指如虎爪，氣貫指梢。腳背弓扣，則五趾抓地，椿步穩定。明瞭三扣多一精。

三圓：脊背要圓，胸脯要圓，虎口要圓。脊背圓則力催身，尾閭中正精神貫頂。前胸要圓，兩膊力全，心窩微收，呼吸通順。虎口要圓，有裹抱之力。明瞭三圓多一妙。

三毒：心要毒如怒狸捕鼠，則能隨機應變。眼要毒，如餓鷹捉兔，則能預察機宜。手要毒，如撲羊之餓虎，則能先發制人。明瞭三毒多一力。

三抱：丹田抱、心氣抱、胳膊抱為三抱。丹田要抱氣為根，氣不外散，擊敵必準。心氣要抱，遇敵有主，臨變不亂。胳膊要抱，出入不散，遇敵無險。明瞭三抱多一妙。

三垂：氣垂、肩垂、肘垂為三垂。氣要垂，則氣降丹田，身穩如山。兩肩下垂，則臂長力活，肩摧肘前。兩肘下垂，則兩膊自圓，能固兩肋。明瞭三垂多一靈。

三月：胳膊似弓如月圓，手腕外頂如月牙，腿膝連彎如月牙。三月亦叫三曲。有曲而後有直，有蓄而後有發。三月便是曲中求直、蓄而後發的意思。兩膊彎曲如月圓則力實，兩膝連彎則力厚，手腕月牙則力湊。明瞭三月多一巧。

三挺：頸項挺，頭部正直精貫頂。脊骨要挺，則力達四梢，氣鼓全身。腿、膝下挺，如樹生根。明瞭三挺多一法。

點注：

❶本篇作者不詳。與太極拳練習的要求有一致處，也有與和式太極拳要求不同的地方。如（三圓）中「虎口要圓」，和式太極拳要求成掌時拇指與食指自然併攏。

八字為，頂、扣、圓、毒、抱、垂、月（曲）、挺，每字含三項具體要求，即三頂、三扣、三圓、三毒、三抱、三垂、三月（曲）、三挺，以上八字，二十四項要求是一個整體，沒有先後主次，每一勢要反覆練習，以形成正確的動力定型。

十二、七星運用要訣❶

頭打落意隨足走，起而未起占戊己，腳踏中門搶中位，就是神仙也難防。

肩打一陰反一陽，兩手只在洞中藏，左右全憑蓋他意，舒展二字一命之。

肘打去意奔胸膛，其勢好似虎撲羊，沾實用力須展放，遠離只在脅下藏。

拳打三節不見形，如見形影不能贏，能讓一思進，莫讓一思退。

胯打左右陰陽便，足穩氣沉手防變，外胯好似魚打挺，裏胯藏步破敵潛。

膝打要害能致命，兩足虛實變換靈，和身轉側不停勢，兩手撥繞掩膝行。

腳打踩意不落空，消息全憑後腳蹬，與人交手知進退，去意好似卷地風。

點注：

❶本篇作者不詳。內容與《天遠機論》《七疾》有重複，這些拳論出現的先後不得而知。與太極拳的技擊方法有一致之處，

如「肩打一陰反一陽，兩手只在洞中藏」。和式太極拳要求「靠打一進有一退」。與人交手兩手待機而動形象的比喻為「把貓藏在袖口中」。

七星為頭、肩、肘、拳、胯、膝、腳七個出擊攻敵的身體部位。

十三、調氣練外丹圖說❶

第一套

1式：面向東立，首微仰。目微向上視。兩足與肩寬窄相齊，腳站平，不可前後參差。兩肩垂下，肘微屈。兩掌朝下，十指朝前。點數七七四十九字，十指尖想往上蹺。兩掌想往下按，數四十九字，即四十九蹺與按也，四十九字即：一二三四五……數到四十九也。

2式：前式數字畢，即將八指迭為拳，手背朝前，兩拇指朝身，兩肘微彎。每數一字，拳加一緊，大拇指一蹺，數四十九字，即四十九緊。

3式：前式畢，將大拇指迭在中指中節為拳，趁勢往下撐一撐，肘之微屈至此伸矣，虎口朝前。每數一字拳加一緊。數四十九下。

4式：前式畢，將兩臂抬起伸向前。拳心相離尺餘，拳與肩平。肘微屈。數四十九字，拳加四十九緊。

5式：前式畢。將兩肩直緊起，兩拳相對，虎口朝後，頭向後仰，兩肩頭不可貼近，亦不可離外遠。數四十九字，

拳加四十九緊。

　　6 式：前式畢，將兩拳下對兩耳，離寸許，肘與肩平，虎口朝肩，拳心朝前，每數一字，肘尖想往後用力，拳加一緊，到四十九字。

　　7 式：前式畢，全身往後仰，以腳尖離地為度，趁仰勢，即將兩臂伸直與肩平，虎口朝上，每數一字，兩拳往上、往後用力，胸微向前，每數一字，拳加一緊，到四十九字。

　　8 式：前式畢，兩手背轉向前與第 4 式同，但此兩拳略近些，每數一字，拳加一緊，到四十九字。

　　9 式：前式畢，將兩拳收回，拳置胸前兩乳之上，此一抬即翻上對鼻尖，拳一指大節離鼻尖一二分，頭往後仰，每數一字，拳加一緊，到四十九字。

　　10 式：前式畢，將兩拳分開。肘與肩平，肘尖往後用力，兩手直豎起，拳向前，虎口遙對兩耳。兩肘想往後用力，每數一字拳加一緊，想往上舉，到四十九字。

　　11 式：前式畢，將兩拳翻轉下至肚臍，兩大拇指、食指大節與臍相離一二分，默數四十九字，拳加四十九緊。畢，吞氣一口隨咽津以送至丹田，如此吞氣三口，三咽。

　　12 式：吞氣三口不用數字，兩拳鬆開，兩手垂下，直與肩齊，手心向前往上端與肩平，腳跟微起，以助兩手上端之力。如此三端俱如手端重物之用力也。再將左右足抬起一蹬，先左後右，各蹬三蹬，仍向東靜坐片時，以養其氣。如即行第二套吞氣後按行之，不須摔頭蹬足也。

第二套

1式：接前吞氣三口畢，將拳伸開，手心翻上，端至乳上離寸許，十指尖根離二三寸，每數一字想手心翻平，想氣貫十指尖。

2式：前式畢，將手分開，胸微向前合些，手掌、手指平，每數一字，想手往上、往後端。

3式：前式畢，將兩臂平轉向前，每數一字（常思氣往手十指尖上貫），手掌朝上微端。

4式：前式畢，將兩手為拳，拳心朝上，拳背朝兩肘尖，夾過身後，每數一字，拳加一緊，臂不可貼身，亦不可離遠。

5式：前式畢，將兩拳伸開，指尖朝上，手掌朝前，如以手推物之狀，以伸臂將直為度，每數一字，掌往前推，指尖往後用力。數字畢，如尾式數字、吞氣等法行之。

第三套

1式：接前吞氣後，將拳伸開，手心朝下，兩手提起在胸前乳上，趁勢往下一蹲，腳尖略分開些，腳跟離地二三分，兩手指尖相離二三寸。每數一字，兩肘尖想往後用力，十指想往上貫氣，想氣常到。

2式：前式畢，將身一起趁勢右手在內，左手在外，右掌向左推，指尖想向右用力，左掌向右推，指尖想向左用力。右掌向左用力，指尖向右用力。左掌向右用力，指尖向左用力，每數一字，指尖用力。

3式：前式畢，兩手分開，兩臂與肩平，手心朝上，胸

往前合，每數一字兩手往上、往後用力。

4式：前式畢，左手背在上，右手背在下，左手背朝右，右手背朝左，兩手臂皆屈回，每數一字，想氣貫十指尖為度，兩臂不可貼近手身。

5式：前式畢，將兩臂垂下，翻轉手心向後，肘屈，十指尖亦屈，行數一字，想氣貫十指尖為度，俱照一套尾式行之。四十九字畢，吞氣四十九口，每照前尾式數字吞氣，手式端摔四十九字。足蹬畢，向東靜坐片時，不可說話用力。如要上頂著力，氣歸丹田。於五十日後做到第三套一蹲式，眼往上瞪，牙咬緊，將頭左右各一三搖扭，以氣貫頂。其力上自頂矣。於六十日後，以氣貫下部，則下部自有力矣。

點注：

❶本篇為和氏家傳，作者不詳。功法每式曾配有圖譜，後人在傳抄中省略。是調氣養生及練功的方法，對太極拳行功有輔助作用。

　　趙堡鎮西新莊人劉世鵬先生，為筆者的同窗學友。1990年，他說他父親保存有兩本老拳譜。在我們的邀請下，劉世鵬先生把拳譜原本拿來讓我們觀看。拳譜為陳季甡、陳鑫手寫的拳譜原文。對拳譜的來歷他是這樣講的：「拳譜是我爺劉清廉流傳下來，我爺從小跟同村人任應極學拳。任應極是任長春（1839～1910）的兒子。任長春年輕時曾在陳家溝人陳季甡家做工並跟其學拳，後又跟陳清平等人學拳。任長春功夫很好，還教有杜元化等人。」後此譜留在和學儉家收藏。本書附錄這些拳譜，它的真正意義是給太極拳研究者提供一些真實的、原始的歷史資料，以期對太極拳研究發揮它的價值。

　　附錄採用拳譜原文，文字未作修改，只作簡單斷句。

陳季甡抄本

　　（封面）
　　前任鉅鹿縣正堂陳　當堂開拆

陳季甡

＊調直隸順德府正堂黃　公堂買至

（封二）

捐馬遞

道光二十三年六月初三日移

內一件

頭套捶

懶扎衣、單鞭、白鵝掠翅、斜行拗步、正拗步、掩手肱捶、披身出手、肘底看拳、倒捻紅、白鵝掠翅、摟膝拗步、閃通背、懶扎衣、單鞭、雲手、高探馬、左右插腳、往後跳一腳、打一捶、回頭二起、左踢一腳、右蹬一跟、卷手擒拿、抱頭推山、懶扎衣、單鞭、前後照、野馬分鬃、懶扎衣、單鞭、玉女穿梭、推山勢、單鞭、雲手、擺腳、一堂蛇、金雞獨立、朝天蹬、倒捻紅、拗步、閃通背、單鞭、雲手、高探馬、十字腳、指襠、黃龍三絞水、單鞭、上步七星、下步跨虎、轉過當頭炮、懶扎衣、單鞭、護心捶、前趟拗步、操手、單鞭、拗步、斜行拗步、倒捻紅、拗步通背、炮錘。

二套捶

單鞭、二起、根子、操手、左插腳、披身、指襠、七星、五子轉還、左右拗步、絞水摻步、單鞭、右插腳、倒捻紅、拗步。

三套捶

懶扎衣、單鞭、跨虎、翻花炮、前趟拗步、騎馬勢、窩弓射虎、左右七星、小紅拳、吊打、斬手、黃龍三絞水、前後沖、玉女穿梭、掩手、腰攔肘、急回頭、左右七星、攢過

中單鞭、上插下插、翻花炮、荒手、玉女穿梭、當頭炮。

四套捶

懶扎衣立勢高宏，插□單鞭鬼也警。出門先使翻花炮，往後簪去呈英雄。反堂壯後帶著掩手肱捶，騎馬勢下連著窩弓射虎兵，左拗步十面埋伏，右拗步誰放爭手，披身捶勢如壓卵，指襠勢高跳底崩，金雞獨立且留情，護心捶八面玲瓏，六封四閉勢難容，轉身臂打且縱橫，上一步二換跟打倒面來，左右七星翻花炮，打一個孤雁出群，下插勢誰放來攻，翻花舞袖如長蛇，分門壯去□才生，轉身一捶打，兩腳跳起不停，舞袖一推前打，回頭當□炮。終。

又四套

懶扎衣、單鞭、雲手、跌腳、上步七星、下步跨虎、左翻花、右舞袖、騎馬勢、窩弓射虎、當頭炮、大卓炮、抽根炮、掩手、上下插、玉女穿梭、披身、指襠、斬手、伏虎、朝陽肘、小擒拿、抱頭推山、穿梭、左拗步、右插腳、右擺腳、一堂蛇、二起、右踢腳、右蹬根、掩手、抱頭推山、穿梭、右拗步、七星、舞袖、玉女穿梭、中單鞭、分門壯、一拳打倒、兩腳不停、倒捻紅、蹬根、舞袖、玉女穿梭、倒騎龍、擺腳、當頭炮。

小四套

太祖立腳勢高強，丟下單鞭鬼也忙。上下堂打朝天蹬，刀對梭認在當場。懶扎衣任裡就持，護心捶蓋世無雙。喝一聲小擒休步，一條鞭打進不忙。滾替腳當面遮過，抓面腳使在胸膛。上山路打一個黃鷹拿勝，下三路抓神沙使在臉上。即便抬腿隨腰環，二龍吸水賽神槍。根子就起忙把頭藏，雀地龍鋪身按下，急三捶打進著慌，上一步蛟龍出水，下步打

正應□□，騎馬勢轉步調虎，推山勢去時難防，要知此拳出何出，名為太祖下南堂。

五套

懶扎衣、單鞭、護心捶、前趟拗步、回頭披身、指襠、七星、大卓炮、抽身炮、鷹窩、腰□□、大紅拳、左右山、前沖後沖、掩手、拗步、單插腳、擺腳、一堂蛇、金雞獨立、朝天蹬、倒捻紅、□步通背、雲手、高探馬、十字腳、猿看果、單鞭七星、跨虎、當頭炮。

三十六勢滾跌法

騰手：一抗二嘆三摺四靠五撤六邀。白馬臥欄：一臥二靠三坐四撤五掛六爭。

裡鸞手：一撥二拿三肘四拍五按六搭。外鸞手：一槍二拜三肘四擄五掃六嘆。

裡摺手：一被二靠三探四膝五按六掛。外摺手：一按二難三被四靠五掃六擄。

短打

裡抱頭推山破抱頭推山，裡順水推舟破順水推舟，裡推山塞海破推山塞海，裡順手穿心肘破順手穿心肘，裡鐵番杆三封打身，拐裡拱手外丟手，騰手裡打，裡丟手斬手，外靠裡打，外童子拜觀音，單風炮，袖裡一點紅，順手搬打破順摺手，倘風閉門鐵扇子，拗摺手倘風破順手搬打，破拗手摺打，破順手倘風，破拗摺倘風，裡丟手，抽樑換柱，裡丟手外壓靠打，順手上肘，率掌，拗手，壓手上肘，率掌，猿猴開領，喜鵲過枝，順手搬打橫壓，拗手搬打橫壓，雁子浮水破順水搬打橫壓，破拗手搬打橫壓，橫攔肘，拗攔肘，面推掌，銅蛇入洞，朝天一炷香，封閉捉拿，裡靠外靠，十字

靠，飛仙掌，搶拳推心掌，推面掌搭掌，推肚跌裡丟手，攔外撒腳跌，提炮，斬手，滾手，壓手推打，掩手拍探打，斬手，滾手，折手撩打，高跳低進，掏擄掤打，低警攻取，閃警巧取，火焰攢心，橫直劈砍，拗摺手，外拴肚，順摺手，裡拴肚，不遮不架，鍾馗抹額，束手解帶，虎頭角，烈女捧金盒，孫真治虎，王屠捆豬，張飛擂鼓，拿雁藤破王屠捆豬，泰山壓頂，扭羊頭，掐指尋，攉指抓拿，小坐搬腿，後坐撩腳法，鉤腿法，撒腿法，順手裡丟手，壓手外靠，裡抓跌，拗手丟手，壓手騰手，裡靠撒腳跌，拄杖靠打，丟手攔手封手搬手，三封打身，黑虎掏心破高跳低進，用壓掌橫攔肘，壓撩手按項掃足望外跌，丟手摺手按項掃足望裡跌，摺手上後手推面，抬手拿手跌，摺手倘風，拍手推打跌，丟手攔手串打，壓手靠打，丟手摺手捧手望前率打，破用千斤墜，下帶膝跌，金蟬脫殼跌，野馬上□乃步場勢。

又短打

迎面飛仙掌，順手飛仙掌，裡丟手斬手，閉門鐵扇子，霸王硬開弓，裏邊炮，單鸞炮，前手順前腳往裡打，沖天炮，左手順左腳，一順往上沖打，單鞭救主打，圪八肚與圪八根。

拳經總歌

縱放屈伸人莫知，情靠纏繞我皆依。劈打推壓得進步，搬摺□□□□□。鉤繃逼攬人人曉，閃警巧取有誰知。佯輸詐走總云敗，引誘回□□□□。滾拴搭刷多微妙，橫直劈砍奇更奇。截進遮攔穿心肘，迎風接進紅□□。二換掃堂掛面腳，應右邊簪莊跟腿。截前掩後無縫鎖，聲東擊西要□識。上提下籠君須記，進攻退閃莫遲□。藏頭蓋面天下有，攢心

剁脇世間稀。教師不識此中理，難將武藝論高低。

拳經總歌

懶扎衣立勢高強，丟下腿出步□□。□□拳手足相顧，探馬勢太祖流傳。當頭炮勢沖人怕，中單鞭誰敢（約少 17 字）。獸頭勢如牌挨進，拋架子短當休延，（約少 16 字）著左右紅拳，玉女穿梭倒騎龍，珠連炮打的是（約少 10 字）鐵椽將軍也難走。高四平乃封腳拳，子小神拳使火焰。攢心（約少 5 字），順鸞藏肘窩裡炮，打一個井攔直入庇身捶。轉身吊打指襠勢，（少 4 字），金雞獨立，朝陽起鼓，護心錘專降快腿，拈走勢逼退英雄。赫一聲小（少 3 字），拿陰捉兔硬開弓，下插勢閃驚巧取。倒插勢誰人敢巧，朝陽手遍身防□，一條鞭打進不忙，懸腳誘敵輕進，騎馬勢衝來敢當，一瞬步往裡就蹉，抹門紅蓋世無雙，下海擒龍上山伏虎，野馬分鬃，張飛擂鼓，雁翅勢穿莊一腿，劈來腳入步連心，雀地龍按下朝天鐙，立起鷂子解胸，白鵝亮翅，黑虎攔路，胡僧托缽，燕子銜泥，二龍戲珠賽神槍，丘劉勢左搬右掌，鬼蹴腳補前掃後，轉上紅拳，霸王舉鼎，韓信埋伏，左山右山，前沖後沖，觀音獻掌，童子拜佛，翻身過海，回頭指路，敬德跳澗，單鞭救主，青龍獻爪，餓馬提鈴，六封四閉，金剛搗錐，下四平秦王拔劍，存孝打虎，鐘馗掌劍，佛頂珠，反堂莊，望門簪，掩手肱捶，下壓手上一步封閉捉拿，往後一收推山二掌，羅漢降龍右轉身紅拳，右騎馬左轉身紅拳，左騎馬，右搭袖，左搭袖，回頭摟膝拗步，托一掌轉身三請客，掩手肱捶，雙架樑，丹鳳朝陽，回頭高四平，金雞曬膀，托天，左搭肩，右搭肩，天王降妖，上一步□□□□，下一步子胥拖鞭，上一步蒼龍擺尾（缺字若干）。

春秋刀十路　　　　　　　　（內容略）

雙刀十路　　　　　　　　　（內容略）

花刀六路單刀　　　　　　　（內容略）

夾槍棍　　　　　　　　　　（內容略）

黑旋風大上西天棍架子　　　（內容略）

十五紅十五炮拳架記

懶扎衣，單鞭，護心捶，前趙拗步，回頭披身，指襠，斬手炮，翻花舞袖，掩手肱捶，拗攔肘，大紅拳，玉女穿梭，倒騎龍，連珠炮，掩手肱捶，上步左右裏鞭炮，獸頭勢，拋架手，掩手肱捶，伏虎勢，回頭抹眉紅拳，上步黃龍左右三攪水，前沖後沖，掩手肱捶，上步轉筋跑，掩手肱捶，全炮錘，掩手肱捶，上步倒插，朵二紅，抹眉紅拳，上步當頭炮，變勢大掉炮，順攔肘，窩裡炮，并攔直入。

長槍總說

夫長槍之法，始於楊氏，謂之曰梨花。天下咸尚之奇妙，在於熟之而已。熟則心能忌手，手能忌槍，圓神而不滯，又莫貴與靜也。靜則心不妄動而處之裕如，變幻莫測，神化無窮。後世鮮有得奇妙者。蓋有之矣，或秘而不傳，傳之而失其真，是以行於世者，卒皆沙家、馬家之法，蓋沙家竿子，馬家長槍，各有其妙。而有長短之異。其用惟楊家之法，有虛實有奇正，有虛虛實實，有奇奇正正。其進銳，其退速，其勢險，其節短。不動如山，動如雷震。故曰二十年梨花槍，天下無敵手，信其然乎。施之於行陣，則又有不同者。何也？法欲簡立欲練，非簡無以解亂分糾，非練無以騰挪進退。左右必佐以短兵，長短相衛，使彼我有相倚之勢，得以舒其氣，展其能，而不至於奔潰。兵法曰：氣盈則戰，

氣奪則避是矣。今將六合之法，並二十四勢繪錄於後，以廣
其所傳云。

二十四勢槍　　（內容略）

陳鑫抄本

（封面）

拳經　四套五套　棍槍　小使手　大使手

大中華民國十七年九月初二日　行年八十一歲品三陳鑫
抄

眼花勉強抄寫，讀者宜慎

（目錄）

短打　第一段

短打　第二段

神沙方

六六三十六勢滾跌

盤羅棍歌

黑旋風大上西天棍勢歌

短打

五套捶

大戰樸鎌歌

手法　腿法　身法

槍棍字解

四套捶

纏棍總目外有分目

小使手直解外有分目

大使手總目外有分目

拳經總歌一百零八勢

湯於風舂手，抽樑換柱，裡手外壓靠打，順手上肘率（摔）掌拗手，壓手上肘（撐）掌，猿猴開梢，喜鵲過枝，順手搬打橫椿，雁子浮水破順手搬打橫椿，拗手搬打橫椿，雁子浮水，橫攔肘，拗攔手抓回推掌，銅蛇入洞，朝天一炷香，封閉捉拿，裡靠外靠十字靠，飛仙掌，搶拳推心掌，推面掌，搭掌推肚跌，裡去手，攔外撒腳跌，主杖撩鉤，提袍軟手，軟手提袍，斬手回手推打，滾手壓手推打，拿拍拍深打，斬手滾手，斬手掩打，高挑低進，拗摟捌打，低擎巧取，閉擎巧取，火焰攢心，橫直劈砍，拗摺手，外拴肚，順摺手，裡拴肚，不遮不架，鍾馗抹額，束手解帶，虎頭角，烈女捧金盒，孫真治虎，王屠捆豬，張飛擂鼓，拿雁嗉，破王屠豬，泰山壓頂，扭羊頭，小座子，搬腿，後座子，膝腿法，鉤腿法，撒腳法，順手裡丟手，壓手，外靠裡抓鐵拗手，丟手，壓手，騰手，壓手摺手，丟手摺手，十字腳跌，丟手外壓手，橫攔肘，搬手丟手，搬手裡靠撒腳跌，桂杖靠打，丟手攔手封手搬手，三封打耳，黑虎掐心破高挑低進，用壓手橫攔肘，壓手掩手按頭掃腳往外跌，丟手摺手按頭掃腳往裡跌，摺手後手推面抬手拿手跌，摺手倘風拍手推打跌，丟手攔手串打壓手靠跌，丟手摺手捧肘望前摔跌，破用千斤墜，下帶膝跌，金蟬脫殼跌，野馬上槽及走場，終。

短打

迎面飛仙掌，順手飛仙掌，裡丟手斬手，閉鐵扇子，霸王硬開弓，裹邊炮，單鸞炮，前手順前腳往裡打沖天炮，左

手順左腳一順往上沖打，單鞭救主打胳膊肚與胳膊根。終。

拿法破法金剛十八弓

霸王請客燕青肘，蘇秦佩劍，王屠捆豬，倒貼金，金蟬脫殼，千斤墜，銷頂捺法，金絲纏戶，左推醋瓶，右推醋瓶，隔席請客，白馬臥欄，仙人脫衣，呂公解帶，鐵翻杆。

用功七練法

一曰白鵝亮翅，二曰夫子三請客，三曰朝天一炷香，四曰左插花天王舉塔，五曰右插花天下齊塔，六曰（缺字）。

（缺字）扎一掌轉身三請客，掩手蟾肱捶，丹鳳朝陽回頭高四平，金雞哂膀，托天叉，左掃眉右掃眉，天王降妖，上一步鐵翻杆，下一步子胥拖鞭，上一步蒼龍擺尾，雙拍手仙滴乳回頭一炮，拗攔肘躲二紅，仙人捧盤，夜叉探海，劉海捕蟬，玉女捧金盒，拿手，收手，刷掌、搬手、推手，真符送書，回頭閃通背，窩裡炮，掩氣肱捶，回頭左插腳，五子轉還，鬢邊插花，收回去雙龍抹馬，窩裡炮誰敢攻，當一步拗手不叉，摟膝一拳推倒，收回交手可誇，昭上顧下最無家。偷腿一腳踏殺，急三捶打如風快，急回頭智遠看瓜，往後收獅子抱球，展開手一腳踢死，回頭二炮也不差，直攢兩拳轉回身，護膝勢當場按定，收回看肘，並手抓誰敢當吾手，一捉上一步蛟龍出水，向後打反身情莊，急三捶往前掤打，開弓射虎誰不怕，收回來馬前斬草，上一挑又帶紅砂，刺回按完滿天星，誰敢與我交手，熟習善悟者不差，五摺手一按、二難、三悲、四靠、五掃、六擄手。一搶、二鸞、三爭、四難、五肘、六拍。終。

六六三十六勢滾跌

騰手：一元、二嘆、三摺、四靠、五撒、六邀。白馬臥

攔：一臥、二靠、三坐、四撒、五掛、六爭。裡鸞手：一
難、二拿、三肘、四拍、五按、六搭。外鸞手：一搶、二
拜、三肘、四攦、五掃、六岔。裡摺手：一悲、二靠、三
採、四膝、五按、六掛。外摺手：一按、二難、三悲、四
靠、五掃、六攦。終。

黑旋風大上西天棍子架

　　黃龍三攪手，夜叉探海，二郎擔山，童子布扇，單撒手
橫打一棍，全花橫打一棍子，半個舞花，急三槍，左旋上滴
水，童子布扇，單撒手橫打一棍，全舞花橫打一棍，半個舞
花急三槍，右旋下滴水，童子布扇，野馬上槽，上旋單撒
手，半回舞花，搭袖翻身扎一棍。

盤羅棒歌

　　棒遮雲頭世間稀，勢上安排要伶俐。右剗登出少林寺，
堂上又有五百僧，百萬紅軍減佛教，悖羅在地顯神通。後邊
撒手持神棒。夜叉探海取人心。偷腳進步誰不怕，棒起靈窄
多變化。九宮八卦破天門，老祖留下六六勢。三十六勢在中
間，前有青山後有泉，天下誰杜軍百萬。要知此棒出處，盤
羅留下在邵陵，急三槍上去分鬃棒，轉回身將棍按下。回頭
半個舞花，青龍獻爪。回頭挎劍，半個舞花。纏身棒朝天一
炷香。上去蘇秦佩劍，回來二郎擔山。轉身棒上磨旗，鐵門
栓，全舞花下滴水，回頭半個舞花。丟神棒，掃堂打一棍。
全舞花上去夜探海。搖一棍，隨手偷腳。進步演一槍，倒回
來鷂子翻身。隨一步仙手捧盤。推上去掛下來，按下棍扎一
個王屠趕豬。往上單撒手演一棍，回頭一棍，轉身當一棍。
往上單撒手、掩一棍。掩一掩回頭半個舞花。班一棍、按住
出手利赫一聲上一棍子，轉身上一棍子。回頭掛一棍子。半

個舞花。秦王磨旗，夜叉探海。按下頭上一棍，回頭挎劍。舞花撩一棍，半個舞花掛一棍子。按下棒謹挪出刀，立下勢。終。

短打

裡抱頭推山，破抱頭推山。裡順水推舟，破順水推舟。裡推山塞海，破推山塞海。裡順手穿心肘，破順手穿心肘。裡鐵翻杆、三封打耳拐裡拱手，外丟手、騰手。裡打裡丟手、斬手、外靠裡打。外童子拜觀音，單鸞炮。袖裡一點紅。順手搬打破拗手搬打。破順摺手倘風。閉門鐵扇子。

五套捶

懶插衣，單鞭，護心拳，前趨拗步，回頭庇身捶。指襠，七星，大卓炮，當頭炮，抽身打一炮。燕窩拗攔肘。大紅拳，左山右山前沖後沖，掩手肱捶。拗步，單插腳。擺腳，一堂蛇。金雞獨立，朝天蹬，倒卷肱。拗步，通背，雲手，高探馬，十字腳，猿猴看果，單鞭，七星，跨虎，拗步，當頭炮。終。

大戰樸鐮歌

未戰先使鐮緣邊，然後一定下群攔。獻攢鉤掛雀地龍，翻江攪海跨虎先。混江龍空中獻爪，鋪地虎就地生風。一沖一擋上插花，一沖二擋下盤根。鷹奪巢鳳奪窩，出洞門四下聽風。插花緣邊映身勢，鉤摟接拋大閃門。沖風銷，倒收雙埋伏，倒手下披身。背後搜山，群五虎雙手連環戰六兵。終。

槍法自序

槍法微細莫視輕，身手腿法要練精，千回萬遍多多演，功到純熟巧自生。與人比試論高低，虛實變化理須知，小心

認勢膽放大，便是臨時制勝機。武藝由來十八門，惟有花槍獨占先，扎打崩纏多妙用，學者莫作等閑看。左手托槍須活動，右手把握休放寬，先仰後合大門手，後仰先合小門邊。一仰一合隨機用，或閃或滾應手傳，虛點實進真妙訣，去送來迎理自然。

腿法

右腿直蹬左腿彎，順步站立勢欲貪。橫打斜扎掉步進，偷步拗步右當先。他槍不發休妄動，迎鋒接刃是真傳。進退腳步惟輕巧，動如流水靜如山。

身法

身童宜正不宜偏，藏脈伏頭勢要端。前鋪後披須活動，左扭右撆手腿連。手腿身法都要有，三者缺一刺人難。更有一著緊要處，臨敵兩眼仔細觀。此是花槍得心法，學者謹守莫輕傳。

槍棍字解

扎者刺也，打者擊也，崩者拷也打也，纏者繞也絞也，捉者捕也擒也，截者反手擊也，鍘者合手打也，推者合手逼也，切者反手壓也，坡者收槍伏勢也。採者有大門採，有小門採，乃兩槍相接力後抽也。滾者閃也，滾手者反手也。閃也或大門閃過，或小門閃過，不令他槍拈著也。提者順槍杆也。湯手者以手推也，欺即湯手之微去也。點刺同扎也，壓者我槍壓他槍上也。閉避同逼也，乃兩槍相交用力推閉，合手仰頭逼為推，反手滴水逼為閉。騰者用臂力上磕也，跨者撩也。攔者擋也。掛者搭也，劈者順棍打也。削與纏相似，纏則繞，削則劈。挑者從下提上也。捹者攤也。撒音擦摩也，撂撩取也。

辨拳論

前明有父女從雲南至山西，住汾州府汾河小王莊，將拳棒傳與王氏。河南溫東劉村蔣姓得其傳，人稱仆夫。此事容或有之。至言陳氏拳法，得於蔣氏非也。陳氏之拳不知仿自何人，自陳氏遷溫帶下就有太極拳。後攻此藝者，代不乏人。如明之奏廷，清之敬柏、季□好手不可勝數。後有趙堡邢西懷、張宗禹，又後陳清平、牛發虎皆稱名手。陳必顯不摸原由，謂學於蔣氏大為背謬。

四套捶

懶插衣立勢高強，刺下單鞭鬼也忙。出門先使翻花炮，望門簪去逞英豪。反趙童後代掩手拳。騎馬勢下連窩弓射虎，左拗步十面埋伏，右拗步誰敢爭鋒。庇身捶勢如壓卵，指襠捶高挑低崩。金雞獨立且留情，護心拳八面靈瓏。六封四閉勢難容，轉身劈打任縱橫。倒回來左右七星拳，翻花炮打孤雁出群，下插勢誰敢來攻。翻花舞袖如長虹，分門幢一推往前攻。急回頭當頭炮。終。

纏捉棍總目

四棍痴，二棍疾，六棍上，鶻子出林，猿猴開鎖，撲頭上面，野馬取駒，野馬旋撅，搭袖攔路虎，接進槍手，截砍四封滾地手，左搭右搭湯風老，湯風嫩，高路低纏，六處行棍，打一捉一纏，腦後取寶，打一纏槍開眼。

纏捉棍直解

四棍痴：解曰，凡與人較手比試，我與他對面一揖進步將棍拿起。他使棍當面扎來，我使低勢促步將手推出，撲打前手。他又小門扎來，我就從小門撲打他前手。他又起棍欲打，我如打手之狀，他棍上越過大門，他又當面扎來，我將

左手一合，迎棍撲打進去，再將身法鋪下，使棍纏他棍上，他既不能動，我將棍從他頭越過打下冠來。仰手伏勢拖棍而回。

兩棍疾解曰：他棍欲起打來，我如打手之狀，將棍從他棍上越過小門，他起棍打來。我就從小門滾手纏進按下。

六棍上解曰：他起棍當面扎來，我從大門進步纏他一棍，左步當先高勢扎進。他又起棍從小門扎來。我就小心纏他一棍，右步當先高勢扎進。

鷂子出林解曰：他棍未起，我大門合手進步，望他臉上一點，他起棍就攔我，我將左手一仰。

猿猴開鎖解曰：我棍從下翻上剮他一棍。

撲頭上面解曰：指到他耳邊，不可過高。

野馬取駒解曰：他將我棍撲倒，我進步將右手一推，左手一搬，筋斗打到小門。

野馬旋攧解曰：他將我棍往上撩，我進步左手一搬，右手一推，翻筋斗旋過小門伏勢，仰手偵住，待他飛頭打來我將兩手一滾，左臂用力騰起按勢。

搭袖攔路虎解曰：他使棍當面扎來，我就大門寸步一崩。急進右步扎他手下。他退步還手，復又扎來，我進左步，將他前手打脫，高勢扎進。

接進槍手解曰：他使棍劈面扎來，我就大門寸步崩指到臉上。他見棍就攔，我接進右步仰手棍往下扎。他退步還手，小門扎來，我就從小門用臂力騰開，復變仰手進步按勢。

搶拿截砍解曰：他使四平槍不發，我從大門進步，他使低頭棍扎膝，我進左步用滴水棍仰手一截。他起棍又扎，我

加步拿扎進。

四封滾地手解曰：他使四平不發，我從大門順棍進。他使低頭棍扎膝，我也使低頭棍逼住。他又順棍提起，我隨棍滾手伏勢，小門纏開棍進按勢。

左搭解曰：他使低頭棍扎腳，我用攢步撐腰，將棍仰手一截，急又合手提起。他抽棍小門又扎，我就從小門進步，反手提起右搭。他又使低頭棍扎腳，我合手撐腰，將棍一鋤，急變仰手進步提起。他抽棍大門又扎，我就從大門加步合手扎進。

湯手風老解曰：他使四平棍扎來，我從大門寸步先一湯。他也先一湯。我將右手一仰，右步偷進，待他發棍扎來，我將身法一撐，迎棍合手而進。

高路低纏解曰：他使高四平棍扎來，我從大門使通袖纏開扎他臉上。他從小門扎來，我就從小門纏開扎他目上。

走順破解曰：前著步眼微斜，此是也。

六處行棍解曰：他又使棍扎來，我從大門纏一棍扎起。他一擋，我將身法低下，仰手棍下一扎。他又一壓，我將身子挺起，棍上扎起。

打一捉打一纏腦後取寶解曰：他使棍當面扎來，我從大門就步纏他一棍落地。他又扎來，我從小門纏他一棍，用撐扛勢扎他左腿，他即撤退。我將兩手一滾，從他頭上打過。待他起棍扎來，我從大門合手一崩而進。

纏捉棍直解。終。

小使手總目

拈打，拈脫，鷂子攢林，并攔倒掛，掛不脫，鶯奪窩，鳳奪巢，緊燕穿簾，是採活順劈，帥打，擒打拿，雙跺足，

崩不著纏拿打，夜地偷桃背弓，喜鵲過枝，硬打，挑打，老鷹倒捉，單股槍，十字纏硬打，挑打，劃打，迷纏安鳳迎。

迎風立劈烏龍入洞，鸞轉鳳點頭一單崩。闊手擒一字單崩開，腿擒硬崩摘豆角，撲捉纏拿打。

小使手直解

拈打解曰：他使四平槍不動，我將左手一仰，大門拈住。他順棍加步打來，我迎棍合手加步打進。他又四平棍不動，我將左手一合，小門拈住他棍。他順棍扎來，我迎棍仰手進。

拈脫解曰：他使四平棍不動，我從大門起棍一拈。他從棍下滾到小門扎來，我就從小門將左手一仰，迎棍打進。

推功解曰：他使低頭棍扎腿，我將身低下去仰手推住他棍。他從小門又扎，我將身一鋪切住他棍。他撤棍劈面扎來，我將左手一合，加步崩開扎進。單頭倩他使四平槍不動，我從大門合手寸步一趟，他也一趟，我即仰手一請，待他扎來，將左手一合加步迎棍扎進。

單頭行他解曰：他使棍四平未發，我從大門削他一棍，扎起。他從棍下滾過小門扎來，我就從小門仰手進步望他手上一打。

扎腳搗眼解曰：他使四平未發，我從大門削他一棍，扎起。他從棍下滾過小門扎來，我就從小門仰手進步望他手上一打。

井攔倒掛解曰：他使四平槍未發，我從大門寸步趟進，小門棍下掛住他棍。他將我棍壓住。我加右步將左手往後一搬，右手推棍向他一搗，我棍撤出。順他棍上一打。

掛不脫解曰：他使四平不動，我從大門合手趟進。小門

掛住他棍。他欲起棍，我加步伏頭從他棍下滾到大門扎進。

鴛奪窩鳳奪巢解曰：他棍未發，我從大門纏他一棍，進右步小門提起，望他手上打下。

緊燕穿簾解曰：他使四平棍不動，我從大門削他一棍扎進。他合手一攔，我將左手一仰，順棍勢劈進，伏勢頂他手下。

擒拿解曰：他使棍迎面扎來，我將左手一合，身一促，大門迎棍纏進按勢。

帥打解曰：他使四平棍不動，我從大門輕上一湯。他加力一趟，我將左手一合，右手一仰，將棍推倒他腋下，掉步順棍打他耳根邊。

雙跺足解曰：他起棍扎來，我從大門寸步仰手，將棍往上一跨，復進右步迎面打下，落在他足上。他退步望頭打來，我從小門用膀力往上一騰打下按勢。

崩不著纏拿打解曰：他當面扎來。我從大門合手一崩。他不容崩著，將棍閃到小門扎他一棍，我就從小門纏他一棍進步按勢。

夜地偷桃背吊解曰：他使四平棍未發，我從大門寸進一步仰手向上跨，復進右步望他後手打去。他即丟後手丟棍，我棍落到地下。他雙望頭打來，我合手一趟，他使低頭扎騰，我加左步反手一閉，順棍提手而進。

老鷹倒捉解曰：他使四平棍不動，我從大門加步趟進。他從小門扎來，我加左步用臂力一騰，將棍倒安在騰上。

單股槍解曰：他使四平棍不動。我從大門合手一趟，隨進右步單手扎出，他也進步扎出。

打桃解曰：他當面扎來，我從大門纏他一棍，小門加步

挑手打下，棍下而通大門。他又扎來，我從大門崩開棍進。

劃打逆纏解曰：他使棍扎來，我從大門纏他一棍。他從小劃起，他又扎來，我迎棍大門纏進。

安鳳解曰：他棍未起，我將棍安在左膝上。他從大門扎來，我就從大門迎風低勢纏進。

刀對鞘解曰：他起棍當面扎來，我從大門纏他一棍，落在腳上隨即扎起。他又起棍小門扎來，我就小門纏他一棍，落在腳上，隨即扎進。

一提金一窩蜂隨風倒跺解曰：他使棍未發，我從大門削他一棍，扎到臉上。他一撲，我進右步撐腰。棍下一提。他反手一捉，我進左步棍上一扎。他又一攔，我將身低下，低棍一扎。他又一壓，我將棍從下翻上，大門扎進。

立勢烏龍入洞解曰：我將棍安在小門邊，他使棍迎面打來，我卻從大門纏他一棍。他從小門扎來，我就小門纏他一棍。加上右步從大門又扎，我加左步崩開棍進。

鸞傳鳳點頭解曰：他使四平棍扎來，我從大門削他一棍。從小門跨起，我復從大門劈進扎到臉上。他一攔，我扭腰棍下一點地，仰手一壓，我將棍從下翻上扎進。

一字單手擒解曰：他使四平棍不動，我從大門將他棍尖按住，用手勁一搬加步扎進。

一字單崩腿擒解曰：他使四平棍當面扎來，我從大門崩開棍進。他又起棍，我將棍在他棍上，合手一跺而進。

硬崩擇豆角解曰：他當面扎來，我從大門崩開他棍。他又從小門扎來，我進右步手迎面一扎，落地伏勢。他起棍又扎，我從大門崩開。

撲捉纏拿打解曰：他當面扎來，我從大門合手一撲，他

閃過小門扎，我就小門纏他一棍落地。他又迎面扎來，我合手加步崩開棍進。

大使手總目

「 使」字疑是死字。死字是自己秘訣不輕傳人。不知究竟是何字。狸貓捉鼠，猛虎出林，高能打低，低能打高，軟能伏硬，硬能服軟，降纏撲捉逆纏打。二人恢金，硬崩一去箭，惡鬼搜山，白雲滿天雨不漏。

大使手直解

狸貓捉鼠解曰：他起棍扎來，我從大門纏他一棍落地。他飛頭打來，我將身往後一披收槍伏勢，之謂坡。左腳仰起踏住他棍尖，復加右步，小門仰手扎進。

猛虎出林解曰：他當面扎來，我從大門低勢纏打一棍，扎手而進。

高能打低解曰：他先起棍，我從大門削他一棍，復將左手一合，右手一仰，進步指到他目上。他從小門扎來，我加右步仰手望他手上一打。

低能打高解曰：他先起棍，我從大門合手欺他一欺。我把身往後微坡一坡，復迎棍合手加步扎進。

軟能服硬解曰：我拖著棍走，他隨後望頭上打來，我扭項回步，使低勢刺他前手之下。

硬能服軟解曰：他起棍扎來，我從大門崩開棍進。他欲起棍，我從他棍上合一鐧而進。

降纏撲捉迷纏打解曰：他起棍扎來，我從大門纏他一棍，扎到臉上。他一擋，我順棍打到地下。他飛頭打來，我從小門用臂力往上一騰打下，按勢。

二人恢金解曰：他棍未出發，我從大門搪他一棍。他滾

過小門扎來，我就從小門纏他一棍，落地扎起。

硬崩一去箭解曰：他使棍當面扎來，我從大門崩他一棍加步扎進。

惡鬼搜山解曰：他使棍扎來，我從大門纏他一棍落地。他又從小門扎來，我就從小門加右步纏他一棍。落地他又從大門扎來，我就從大門纏他一棍加左步扎進。

白雲蓋頂解曰：他起棍未發，我從大門削他一棍指到臉上。他合手一攔，我加左步仰手棍下一扎。他仰手壓，我加右步棍上一扎。他又一攔。我矮身棍下又扎。他仰手又捉，我從棍下提起扎進。

滿天雨不漏解曰：他使四平棍不動，我從大門削他一棍，合手而進。他欲起棍，我照棍上滾手縮腰一跺，使通袖棍掉步打左耳根邊。大使手直解終。

大中華民國十七年歲次戊辰九月初二日，是年閏二月。

溫邑歲貢生行年八十（眼花）十六世字品三陳鑫抄

破套錘。懶擦衣。卑（單）鞭。白鵞（鵝）亮翅。邪（斜）行拗步。必

白鵞（鵝）亮翅。摟膝拗步。闖（通）背。懶擦衣單鞭。五手為摟馬。左右摟

同破。二起。左踢一腳。右蹬一根。挗手。鞭手。搯筆。

楝（揀）衣卑（單）鞭。玉女穿梭。邪（斜）行拗步。卑（單）鞭。五手。摟膝。二起踅金翅狗。（天）

四蹬卑（單）鞭。玉女穿梭。十字脚。指當（襠）。其龍。三倒撵猴。卑（單）鞭。上步七星。下步跨虎。倒捻（攆）紅拗步。

乂懶撵衣草鞭。護心錘。前生歩。（右）玉蹬卑（單）鞭。拗步。邪（斜）行拗步。回頭。面拗。

弌套鞭。草鞭。二起。根（跟）子鞭。玉左蹬脚。邪（斜）見倒當（襠）。七星。子玉子搯遍左右拗步。伏（收）勢卑（單）鞭

乂二套。懶撵不卑（單）鞭。搖窝蛋花。前歩。拗歩跨一劈。撩云撩云拗歩。（搯）筆窝。左右七星。紅拳。烈

蓋撵膝。倒捻（攆）紅拗步。

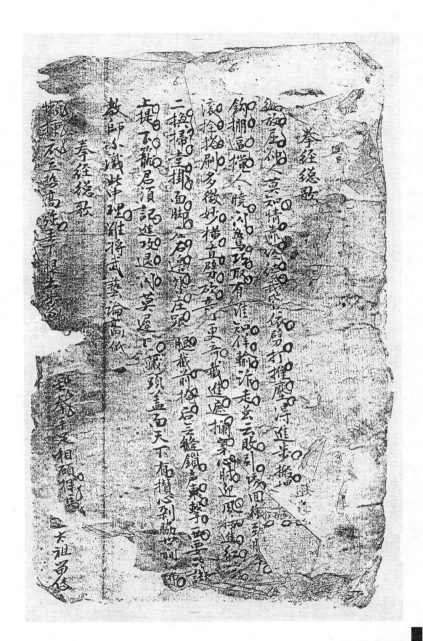

拳經　の舊五套　棍鎗

筏手　大便硬手

大中華民國十七年九月初二日

行年八十五歲邑陳

鑫抄

眼花勉強抄寫讀者宜慎

短打第二段　短打二段　神拳方　六六三十六勢滾跌

盤羅棍歌，　黑旋風大上西天棍拗歌　短打

五套錘　大戰朴鐮歌　手法　腿法　身法　鎗棍字解

四套錘　裡棍總目外□□肖　小使手直解 外□分月

大使手總目　外□分月

拳經總歌一百零八勢

場手風去手抽梁換柱裡去外靠裡靠打順手上肘平掌和手磨手上肘平掌猿猴閃鎗喜鵲過枝砍帶手搬打橫擋貼身用力滾小破順手搬打橫擋拗手搬庄厂雁去游小橫庄拗摺回搬手抓回搬回鎗吧入硼朝天拴勁封閉挫合裡靠外靠兮黄飛仙掌擂拳椎向掌椎肘肚拴裡去攔外撒腳跌主枝揀拗提袍軟刀軟手裡袍斬手囬手椎打滾手回搬拍翠打斬手滾手斬手高挑低進拗拍層棚拊低變巧取閃擎巧取閃躍撥心橫直臂打撤搔後厝手肘肚順搖擋手裡挫王厨豬太山厝頂撑掌直臂砍拗摺手外拴肪順搖擋手裡□連魁抹額束手解帶虎頭局剁女棒金盒蓋庄治虎王厨豬太山厝頂撑掌頭小厝拗撤腿後厝手滕法拗腿法撤腳跌順手外裡手肘厝手外靠裡手抓鐵抑手丟手厝裡滕拗厝手摺拗丟手摺手十字裡橫搰拗搬手丟丟妶撒腳跌桂杖黃打丟手攔拿對手撤手三封打耶置虎想砍高挑低進用

左手托鎗摧活動右手把握休放寬先仰后合大門手后仰先右□□□一作一合鎗相周或

閃或滾應手傳虛照實趨真妙訣去送來迎理自然

腿法

右腿直蹬左腿彎□順步貼立勢欲貪

不發休妄動迎鋒接及是真傷　進退腳步惟巧動如流水靜如山

身法

身種宜正不宜偏藏前鋪后彼須活動左扭右擰手腿運身法

都要有三着缺一刺人難更有着緊要□臉敲兩眼觀此是花鎗得忠法學□謹守莫傳

鎗棍字解

札于刺者擊手也朋者褃打也臺者後也捉者攔也截者反手擊也鍘者合手打也

推者合手過也切者反手壓也坡者收鎗伏此也採者有大門採有小門採乃、□相

一也閃或太刀閃追或小門內進不合他褃捻着、捉着□提、順手鎗行

拈
力發抽也滾者繞也滾手者反手也　也

劃也滾手之微也照剌同札也壓者豪鎗壓他鎗上也閃過也乃兩鎗相

交用力推那合手仰頭遍高推反手商水為逼　丽騰者用臂力工捲也跨去擒也挽手

攔也攔手搭也臂手順根扭削與壓相仍懤則兔挑者從下提上捻者推也

搭音擦摩也

摽拳字典云此字音疑足來字作去聲讀

辨拳論

前明□□□□、□雲南江岱住汾州府汾陽少王庄好拳傳与王□汾河南溫家刻祠蔣姓僧其□人稱

僕夫此事容或有之至言陳氏春法得于蔣氏非也陳氏□□拳不知防自□人自陳氏迁温代下就

邪太極拳汝政此藝之代不乏人如明三奏慈怕二□相承又好手不可勝數

趙堡邢西佛传宗萬又氏陳序牛牛發先曾鑲名為佳惟又樣原田謂孝手蔣氏大功背謂□

口口六盎

硬崩一去箭○解曰他使棍当面扎来○我洄大门崩他棍加步扎进

棍扎来○我洄大门揽他棍落地○他又洄小门扎来○我就洄小门加石步揽他二棍落地○便洄

他二棍指到腋工他合手一擸○我加左步卯时棍下一扎他仰手压 白雲盖頂

我矮身棍下又扎他仰手又揽我棍下揽扎進合手而 滿天雨不漏

使四平棍不扎助字 我洄大门前他二棍合手雷道他欲起棍我照祖工滚手循腰扎

使连袖棍掉步打左月根边 大使手直解終

大中華民國十七年歲次戊辰九月初二日至年閏二月 溫邑歲貢生行年八秩陳鑫抄

琵鬼搏山 解曰

解曰他起棍来尝我洄大门嶺他二棍落地 便洄

抄時帶鴻肚讀者珍重

後　記

　　多年來，我一直致力於收集、整理和式太極拳的有關資料。又經過近兩年的歸納、整理，撰成書稿。攜書稿到北京請康戈武教授指點並聯繫出版事宜。康戈武教授閱後對書文提出了幾點要求與建議，他說這本書是和式太極拳要發行的第一本書，很有價值。價值應體現在三方面。一是史料性，首先內容要真實。二是學術性，要把本派的特色說清楚。三是可讀性，內容要深入淺出，面向層次愛好者。要求對書文內容再歸納提煉，進一步完善。爾後，我又用半年時間，努力從以上三方面去求證、闡述。

　　確實，編寫一本好的書，尤其要把太極拳這樣的內家武術的技理講明說透，確非易事。深幸，由於緣分、目標、愛好的相同，受到多方人士的支持和幫助。

　　中國武術研究院的康戈武教授、溫縣體育局原福全局長鼎力相助並為本書作序。焦作市體育局黨組書記、局長賈慧文，河南省現代書畫院院長魏領為本書欣然題詞。

　　河南省書法家協會副主席王澄為本書題寫書名並題詞。河南商都集團董事長王書禮，成都的何為等給予了關心和支持。在此謹致衷心的謝意。

　　在本書出版過程中，鄭州商都集團的賈澎慷慨解囊給予支持。成都的戴忠銘、江蘇金壇市的崔世榮、河南平頂山市的徐秋、焦作市的朱廷宣、許桂榮、宋金財、和占軍、王佩

華也給予了資助。婁衛星、岳金龍、和東升（侄）、陳志明協助打印稿件，拍攝拳照。還有夏春龍、馬建設等給予了熱情的幫助。在此一併致以真誠的感謝。

　書中錯誤之處，敬請讀者給予指正。

和有祿

導引養生功 系列叢書

- ◎ **1. 疏筋壯骨功**
- ◎ **2. 導引保健功**
- ◎ **3. 頤身九段錦**
- ◎ **4. 九九還童功**
- ◎ **5. 舒心平血功**
- ◎ **6. 益氣養肺功**
- ◎ **7. 養生太極扇**
- ◎ **8. 養生太極棒**
- ◎ **9. 導引養生形體詩韻**
- ◎ **10. 四十九式經絡動功**

陸續出版敬請期待

張廣德養生著作

每冊定價350元

古今養生保健法 強身健體增加身體免疫力

養生保健 系列叢書

1 醫療養生氣功

定價250元

2 中國氣功圖譜

定價250元

3 少林醫療氣功精粹

定價250元

4 龍形實用氣功

定價220元

5 魚戲增視強身氣功

定價220元

6 嚴新氣功

定價250元

7 道家玄牝氣功

定價200元

8 仙家秘傳祛病功

定價160元

9 少林十大健身功

定價180元

10 中國自控氣功

定價250元

11 醫療防癌氣功

定價250元

12 醫療強身氣功

定價250元

13 醫療點穴氣功

定價250元

14 中國八卦如意功

定價180元

15 正宗馬禮堂養氣功

定價420元

16 秘傳道家筋經內丹功

定價300元

17 三元開慧功

定價250元

18 防癌治癌新氣功

定價180元

19 禪定與佛家氣功修煉

定價200元

20 顛倒之術

定價360元

21 簡明氣功辭典

定價360元

22 八卦三合功

定價230元

23 朱砂掌健身養生功

定價250元

24 抗老功

定價230元

25 意氣按穴排濁自療法

定價250元

27 健身祛病小功法

定價200元

28 張氏太極混元功

定價250元

29 中國璇密功

定價250元

30 中國少林禪密功

定價200元

31 郭林新氣功

定價400元

32 八卦之源與健身養生

定價280元

33 現代原始氣功1

定價400元

國家圖書館出版品預行編目資料

和式太極拳譜＋VCD／和有祿　編著
——初版，——臺北市，大展，2005〔民94〕
面；21公分，——（武術特輯；63）
ISBN 957-468-359-1（平裝；附影音光碟）

1.太極拳

528.972　　　　　　　　　　　　　93023221

北京人民體育出版社授權中文繁體字版

和式太極拳譜＋VCD

ISBN 957-468-359-1

編　　著／和有祿

責任編輯／張建林

發 行 人／蔡森明

出 版 者／大展出版社有限公司

社　　址／台北市北投區（石牌）致遠一路2段12巷1號

電　　話／（02）28236031・28236033・28233123

傳　　眞／（02）28272069

郵政劃撥／01669551

網　　址／www.dah-jaan.com.tw

E – mail／service@dah-jaan.com.tw

登 記 證／局版臺業字第2171號

承 印 者／高星印刷品行

裝　　訂／協億印製廠股份有限公司

排 版 者／弘益電腦排版有限公司

初版1刷／2005年（民94年）3月

定　價／450元